PREFACE 머리말

제과제빵기능사 자격시험은 제과제빵 분야에 입문하려는 이들에게 가장 기초적이면서도 중요한 첫 관문입니다. 그러나 방대한 이론과 다양한 문제 유형을 단기간에 체계적으로 학습하기란 결코 쉽지 않습니다.

이에 본 교재는 최근 8개년 동안 출제된 기출문제를 엄선·정리하고, 기능사 기본서의 핵심 내용을 요약하여 수험생 여러분이 보다 효율적이고 체계적으로 학습할 수 있도록 구성하였습니다.

특히 본 교재는 제과기능사 시험에 제빵 문제가, 제빵기능사 시험에 제과 문제가 함께 출제되는 시험의 특성을 고려하여 제과와 제빵 기출문제를 통합하여 수록하였습니다. 따라서 한 권으로 두 기능사 시험의 출제 경향을 동시에 파악할 수 있으며, 중복 학습을 줄여 시험 대비 효율성을 극대화할 수 있습니다. 또한 기본서와 본 기출문제집을 병행하여 학습한다면, 이론 이해와 문제 적응력을 동시에 강화할 수 있어 더욱 완벽한 시험 대비가 가능할 것입니다.

본 교재가 단순히 자격증 취득을 위한 도구에 그치지 않고, 제과제빵을 사랑하는 모든 분들에게 기본기를 다지고 전문인으로 성장하는 초석이 되기를 바랍니다.

끝으로 본서의 집필과 출간을 위해 아낌없는 노력을 기울여 주신 (주)박문각 출판 관계자 여러분께 깊이 감사드리며, 시험에 도전하는 모든 수험생이 합격의 기쁨을 누리시기를 진심으로 기원합니다.

집필진 드림

GUIDE 제과제빵기능사 시험정보

제과기능사 취득방법

구분		내용
시험과목	필기	과자류 재료, 제조 및 위생관리(출제기준 상세 참고)
	실기	제과 실무
검정방법	필기	객관식 4지 택일형, 60문항(60분)
	실기	작업형(2~4시간 정도)
합격기준	필기	100점을 만점으로 하여 60점 이상
	실기	

제과기능사 합격률

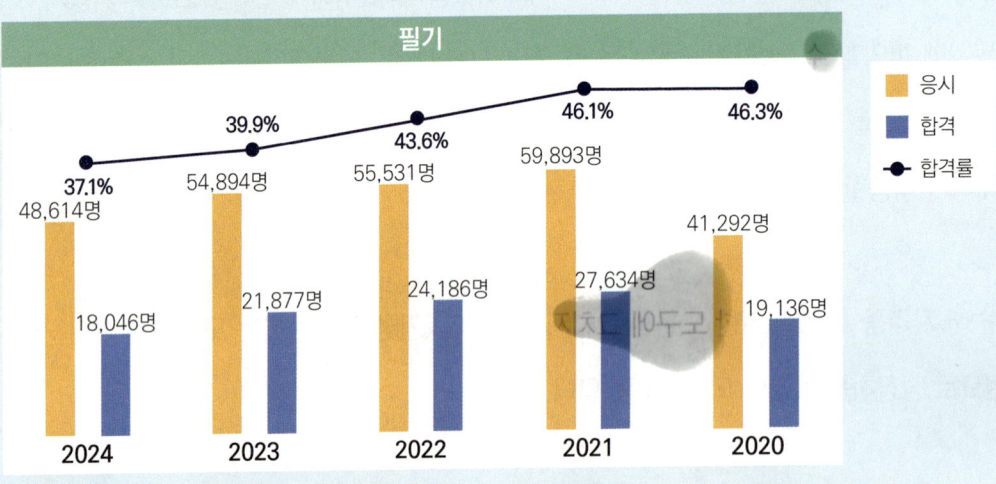

필기

연도	응시	합격	합격률
2024	48,614명	18,046명	37.1%
2023	54,894명	21,877명	39.9%
2022	55,531명	24,186명	43.6%
2021	59,893명	27,634명	46.1%
2020	41,292명	19,136명	46.3%

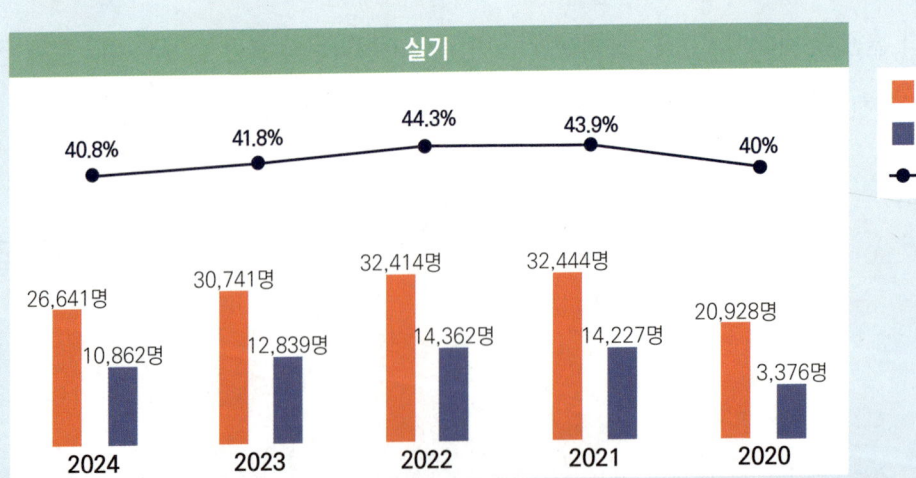

실기

연도	응시	합격	합격률
2024	26,641명	10,862명	40.8%
2023	30,741명	12,839명	41.8%
2022	32,414명	14,362명	44.3%
2021	32,444명	14,227명	43.9%
2020	20,928명	3,376명	40%

제빵기능사 취득방법

구분		내용
시험과목	필기	빵류 재료, 제조 및 위생관리(출제기준 상세 참고)
	실기	제빵 실무
검정방법	필기	객관식 4지 택일형, 60문항(60분)
	실기	작업형(2~4시간 정도)
합격기준	필기	100점을 만점으로 하여 60점 이상
	실기	

제빵기능사 합격률

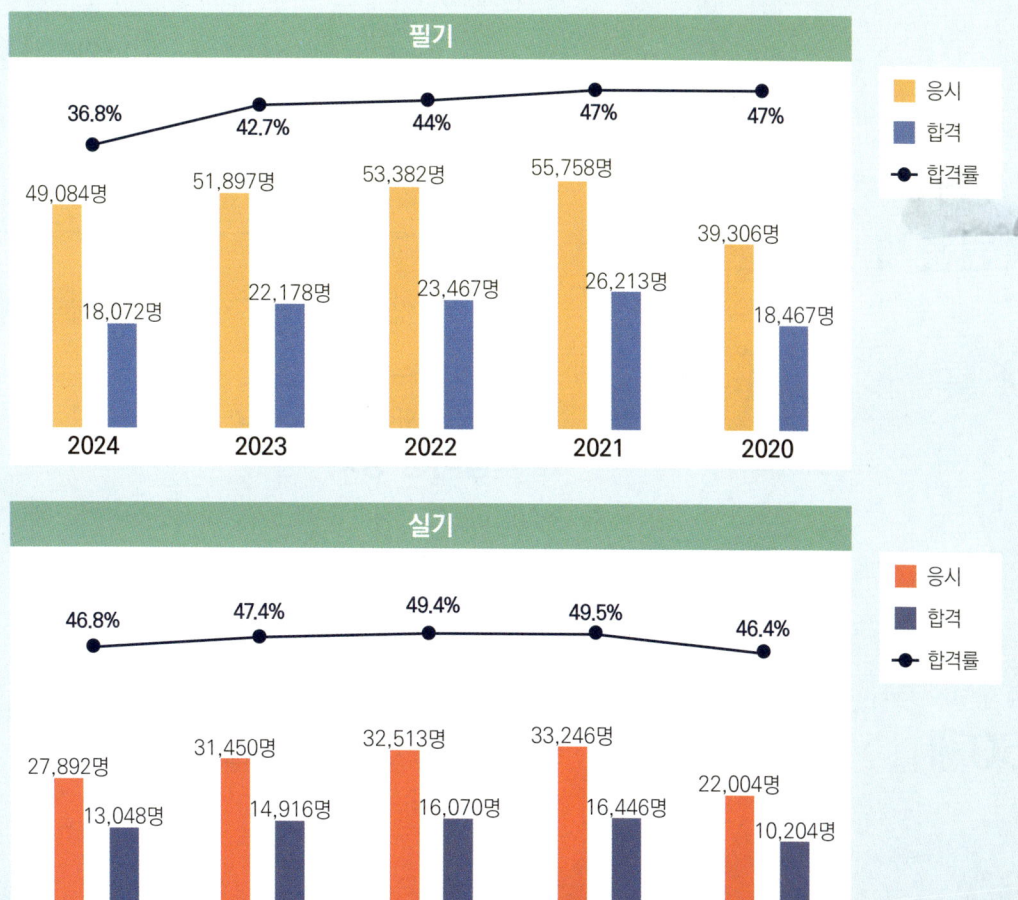

GUIDE 구성과 특징

1 합격비법
손글씨 핵심요약

2 8개년 CBT
기출복원문제

3 최빈출
실전 60제

STEP 1

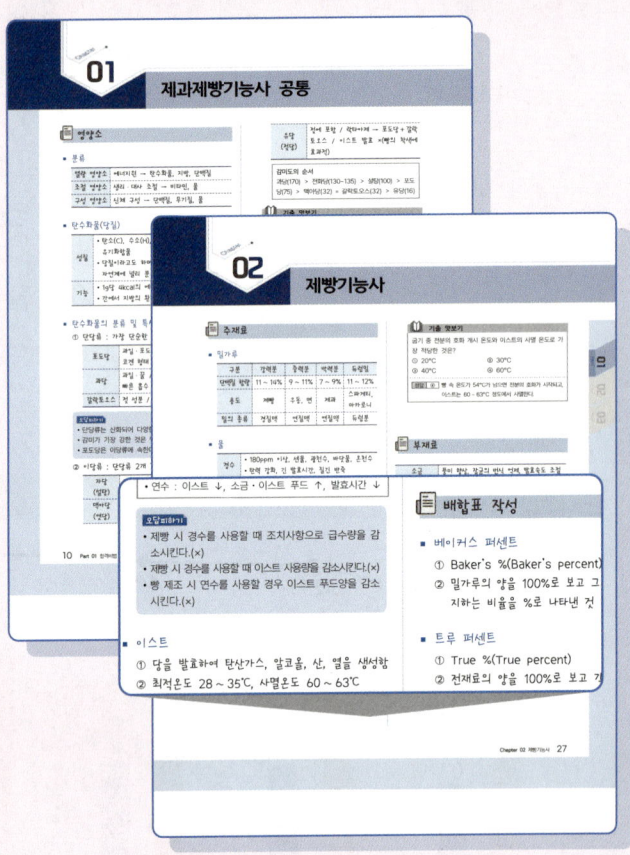

✅ 핵심이론 정리
복잡한 이론은 정리하고, 최근 시험에 자주 출제되는 핵심 개념만 쏙쏙 모아서 정리하였습니다.

✅ 한눈에 보이고 쉽게 이해되는 구성!
[기출 맛보기]로 출제 경향을 파악하고, [오답피하기]를 통해 문제해결능력을 향상시키며, 학습효과를 극대화할 수 있습니다.

STEP 2

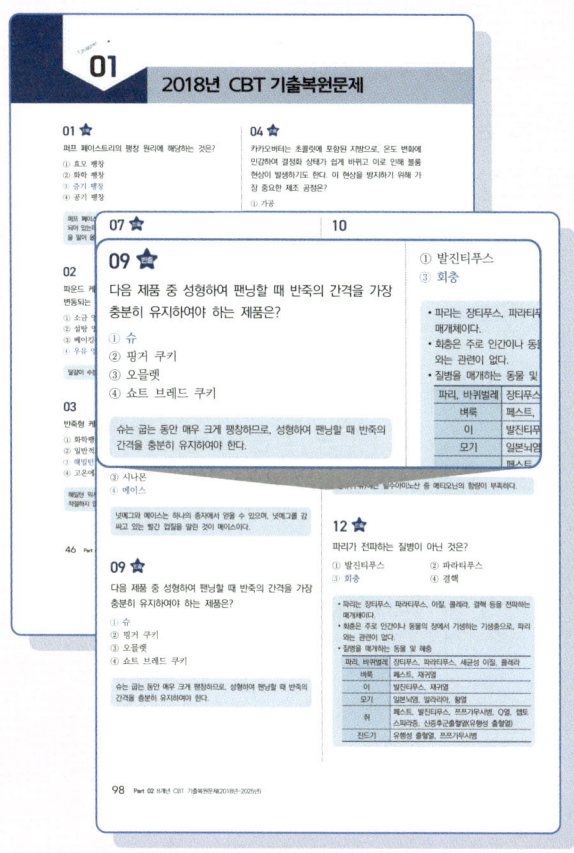

STEP 3

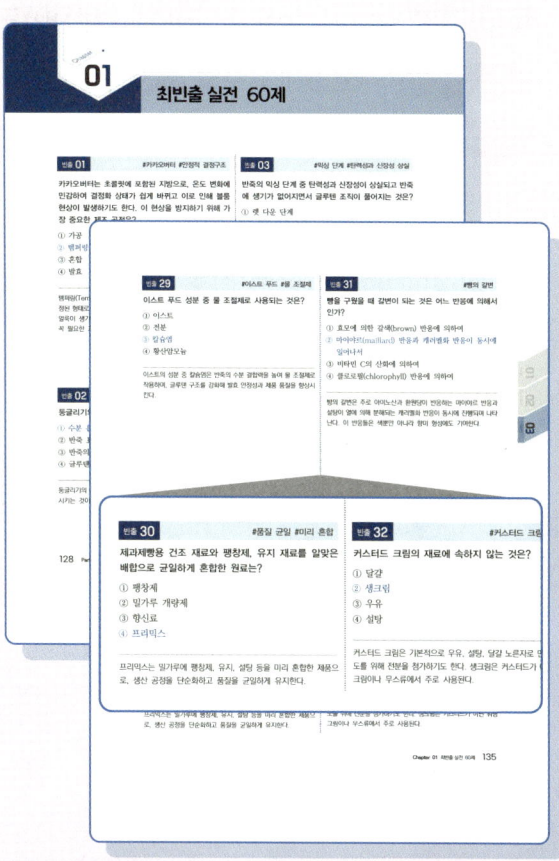

✅ 8개년 CBT 기출복원문제

2018년~2025년까지 총 8개년 CBT 기출복원문제를 통해 기출 유형 및 출제 경향을 정확하게 파악할 수 있습니다.

✅ 빠른 정답 확인으로 학습 효율 UP!

정답은 컬러로 표시되어, 채점 없이도 바로 확인할 수 있어 학습 시간을 절약할 수 있고, 효율적인 반복 학습이 가능합니다.

✅ 최빈출 60문제 선별!

실제 시험에 출제된 문제 중 출제 비율이 높은 60문제만 선별하여 마무리 정리가 가능합니다.

✅ 시험 직전 점검용으로 최적화된 구성

간단한 해설과 한눈에 보이는 정답으로 시험 직전 최종 점검용으로 활용할 수 있게 구성하였습니다.

GUIDE 제과제빵기능사 합격플래너

제과제빵기능사 "5일 완성" 합격플랜

- **공부법 하나!** 핵심요약은 꼭 출제되는 내용이므로 반드시 정확하게 숙지하기
- **공부법 둘!** 기출문제 위주로 많은 문제를 풀어보는 것에 중점을 두고 공부하기
- **공부법 셋!** 최빈출 60문제는 무조건 맞힌다는 생각으로 공부하기

계획일정	학습범위	학습일	Check 추가학습	Check 최종점검	오늘의 목표
Day 1	합격비법 손글씨 핵심요약	월 일	☐	☐	• 출제 경향 파악 • 기본 개념 익히기
Day 2	2018년·2019년·2020년 기출복원문제	월 일	☐	☐	• 기출 풀이를 통해 출제 유형 확인
Day 3	2021년·2022년·2023년 기출복원문제	월 일	☐	☐	• 중간 기출을 통해 반복 출제 포인트 확인
Day 4	2024년·2025년 기출복원문제 + 최빈출 60제	월 일	☐	☐	• 8개년 마무리 + 출제패턴 구조화 • 반복 출제문제 점검 및 실전감각 향상
Day 5	전 범위 복습 + 마무리 암기 ※ CBT 모의고사(6회분)	월 일	☐	☐	• 전체 구조 정리 • 약점 보완 및 최종 마무리 점검

CONTENTS 목차

PART 01   합격비법 손글씨 핵심요약

01	제과제빵기능사 공통	10
02	제빵기능사	27
03	제과기능사	34

PART 02   8개년 CBT 기출복원문제(2018년~2025년)

01	2018년 CBT 기출복원문제	46
02	2019년 CBT 기출복원문제	56
03	2020년 CBT 기출복원문제	66
04	2021년 CBT 기출복원문제	76
05	2022년 CBT 기출복원문제	86
06	2023년 CBT 기출복원문제	97
07	2024년 CBT 기출복원문제	107
08	2025년 CBT 기출복원문제	117

PART 03   최빈출 실전 60제

01	최빈출 실전 60제	128

제과제빵기능사 필기 8개년 기출문제집

PART 01

합격비법
손글씨 핵심요약

제과제빵기능사 공통

영양소

- **분류**

열량 영양소	에너지원 → 탄수화물, 지방, 단백질
조절 영양소	생리·대사 조절 → 비타민, 물
구성 영양소	신체 구성 → 단백질, 무기질, 물

- **탄수화물(당질)**

성질	• 탄소(C), 수소(H), 산소(O)의 3원소로 구성된 유기화합물 • 당질이라고도 하며 단당류, 이당류, 다당류 등 자연계에 널리 분포함
기능	• 1g당 4kcal의 에너지 발생 • 간에서 지방의 완전 대사를 도움

- **탄수화물의 분류 및 특성**

① 단당류 : 가장 단순한 당(더 이상 분해되지 않음)

포도당	과일·포도 / 혈당 / 간·근육에 글리코겐 형태 저장
과당	과일·꿀 / 감미도 170(가장 강함) / 빠른 흡수
갈락토오스	젖 성분 / 감미도 32 / 용해도 낮음

오답피하기
- 단당류는 산화되어 다양한 알코올을 생성한다.(×)
- 감미가 가장 강한 것은 맥아당이다.(×)
- 포도당은 이당류에 속한다.(×)

② 이당류 : 단당류 2개 결합

자당 (설탕)	사탕수수·사탕무 / 감미도 100(기준) / 인버타아제 → 포도당 + 과당
맥아당 (엿당)	엿기름 / 감미도 32 / 말타아제 → 포도당 + 포도당 / 노화방지·보습 효과
유당 (젖당)	젖에 포함 / 락타아제 → 포도당 + 갈락토오스 / 이스트 발효 ×(빵의 착색에 효과적)

감미도의 순서
과당(170) > 전화당(130~135) > 설탕(100) > 포도당(75) > 맥아당(32) = 갈락토오스(32) > 유당(16)

> **기출 맛보기**
>
> 자당의 분해 과정으로 옳은 것은?
> ① 치마아제에 의해 포도당과 유당으로 분해된다.
> ② 인버타아제에 의해 과당과 포도당으로 분해된다.
> ③ 말타아제에 의해 두 분자의 포도당으로 분해된다.
> ④ 락타아제에 의해 포도당과 갈락토오스로 분해된다.
>
> 정답 ② 자당(설탕)은 인버타아제에 의해 과당과 포도당으로 분해된다.

③ 다당류 : 단맛 없음, 단당류 ≥ 3 결합된 고분자

전분	곡류·감자·고구마 / 저장형 탄수화물 / 물에 잘 안 녹고 가라앉음
섬유소 (셀룰로오스)	포도당 결합 / 채소·해조류 / 식물 세포벽 구성 / 소화 ×(초식동물만 소화)
펙틴	과일 껍질에 많음 / 당·산과 결합 시 젤 형성 → 잼·젤리 제조에 사용
글리코겐	간·근육에 저장 / 필요시 포도당으로 전환 → 동물 에너지원
한천	우뭇가사리 유래 / 젤 형성력 ↑ / 식품 안정제로 활용
덱스트린	전분 분해 중 생기는 중간산물 총칭
이눌린	과당의 중합체 / 돼지감자 등에 풍부

④ 전분(Starch)
- 곡류(옥수수, 보리)·뿌리류(감자, 고구마, 타피오카)에 존재
- 아밀로오스 + 아밀로펙틴 2가지 구조로 구성

- **지방의 분류 및 특성**
  ① 단순지방 : 지방산 + 알코올 → 에스터 결합

중성지방	• 글리세린 + 지방산 3분자 → 트라이글리세라이드 • 포화지방산 : 상온 고체 • 불포화지방산 : 상온 액체 　예) 올레산, 리놀레산, 아라키돈산 등
납(왁스)	• 고급 지방산 + 고급 알코올 • 상온에서 고체
식용유	중성지방 / 상온에서 액체

  ② 복합지방 : 지방산 + 알코올 + 다른 분자군 포함

인지질	난황·콩·간 / 유화제 예) 레시틴
당지질	중성지방 + 당 / 뇌·신경조직
지단백	중성지방 + 단백질 + 콜레스테롤 + 인지질

  ③ 유도지방 : 단순·복합지방 가수분해 → 생성물

지방산	글리세린과 결합 → 지방 형성
콜레스테롤	• 동물성 스테롤 / 뇌·신경·담즙 • 자외선 → 비타민 D_3 전환
글리세린	• 지방 구성 / 흡습성·안정성 ↑ • 유화제·용매로 활용
에르고스테롤	• 식물성 스테롤 / 버섯·효모 • 자외선 → 비타민 D_2

  > 지방은 단백질처럼 체조직을 주로 구성하지는 않음 → '근육 형성'과 혼동 주의

- **단백질의 분류 및 특성**
  ① 단백질 조직

함황 아미노산	황 함유 → 시스테인, 시스틴, 메티오닌
필수 아미노산	• 체내 생성 ×, 음식물 통해 얻음 • 종류 : 라이신, 트립토판, 류신, 이소류신, 페닐알라닌, 트레오닌, 메티오닌, 발린 ※ 성장기 어린이 : 히스티딘, 아르기닌 추가로 필요

> **오답피하기**
> • 글루타민은 필수아미노산이다.(×)

> 단백질의 질을 평가하는 기준
> • 완전 단백질 : 모든 필수아미노산을 충분히 포함 (예) 달걀, 우유, 육류)
> • 불완전 단백질 : 일부 필수아미노산이 부족(예) 곡류, 콩류 단독 섭취 시)

  ② 단순 단백질 : 가수분해 시 아미노산만 생성 / 용해성 기준 분류

알부민	물·묽은 염류에 용해 / 열·알코올에 응고
글로불린	묽은 염류에만 용해(물에는 불용)
글루텔린	산·알칼리에만 용해 / 밀 : 글루테닌
프롤라민	70~80% 알코올, 묽은 산·알칼리에 용해 / 밀 : 글리아딘

  > • 알부민 : 흰자 단백질 전체를 일컫는 말
  > • 오브알부민 : 알부민 중 하나, 흰자 단백질의 핵심 성분

  ③ 복합 단백질 : 단백질 + 다른 성분 결합

핵단백질	세포핵 구성
당단백질	당 + 단백질(글루코프로테인)
인단백질	유기인 + 단백질 예) 카세인
색소단백질	색소 포함(크로모단백질) 예) 헤모글로빈
금속단백질	철·구리 등 금속 결합 / 호르몬 구성

  ④ 유도 단백질
  • 열·효소 등에 의해 분해된 1·2차 산물
  • 종류 : 메타단백질, 펩톤, 폴리펩타이드, 펩타이드 등

- **효소의 분류 및 특성**
  ① 효소의 성질
  • 생체 내 촉매 역할
  • 단백질 성분 → 온도·pH·수분에 민감
  • 기질 특이성(특정 물질에만 작용)

② 효소의 분류

단백질 분해효소	프로테아제, 펩신, 레닌, 트립신, 펩티다아제, 에렙신
지방 분해효소	리파아제, 스테압신
탄수화물 분해효소	• 이당류 : 인버타아제, 말타아제, 락타아제 • 다당류 : 아밀라아제, 셀룰라아제, 이눌라아제

■ 비타민의 분류 및 특성

성질	• 생명 유지에 필수 / 대부분 조절 역할 수행 • 열량 ×(0kcal) / 음식물로 섭취 필요
기능	• 3대 영양소 대사에 조효소로 작용 • 신체 기능 조절 • 에너지 생성·조직 구성 ×
분류	• 수용성 : B군 + C → 매일 섭취 필요 • 지용성 : A, D, E, K → 과잉 시 주의
결핍증	B_1 - 각기병 / C - 괴혈병 / A - 야맹증 / D - 구루병

■ 무기질의 분류 및 특성

구성과 성질	• 탄소·수소·질소 제외 원소 • 체중의 약 4~5% 차지 • 열량 ×, 체내 생성 × → 음식으로 섭취 필요
기능	• 골격 구성 • 근육 수축·이완 조절 • pH 조절 및 완충 작용 • 삼투압 조절
종류	나트륨(Na), 칼륨(Cl), 칼슘(Ca), 마그네슘(Mg), 인(P) 등

밀가루와 이스트

■ 밀가루의 특징

밀 구성	껍질 14%, 배아 2~3%, 내배유 83%
분류	단백질 함량 → 강력분 / 중력분 / 박력분
글루텐 형성	글리아딘(점성) + 글루테닌(탄성) + 물
글루텐 기능	발효 중 CO_2 보유, 열변성 → 구조 형성
전분 기능	굽는 과정 중 호화 → 조직 형성
단백질 역할	빵의 부피, 색상, 기공, 조직 등 품질 결정

밀가루의 용도별 분류
• 제과용 밀가루 : 박력분 / 제빵용 밀가루 : 강력분
• 퍼프 페이스트리 : 강력분 또는 중력분
• 경질밀은 연질밀보다 단백질 함량이 높아 조밀하고 단단함

오답피하기
• 글루텐의 구성 물질 중 반죽을 질기고 탄력성 있게 하는 물질은 글리아딘이다.(×)
• 강력분은 단백질이 적어 쿠키, 케이크에 적합하다.(×)

■ 밀의 종류

일반 밀	빵, 케이크, 쿠키 등 다용한 용도
클럽 밀	글루텐 약함 / 케이크·페이스트리용
듀럼 밀	글루텐 질김 / 파스타(스파게티, 마카로니)

■ 밀가루의 주요 성분

단백질	• 10~15% • 글루텐 구성 : 글리아딘(점성) + 글루테닌(탄성)
탄수화물	• 70% • 주성분 : 전분, 덱스트린, 셀룰로스, 당류, 펜토산
지방	• 제분 전 : 2~4%(배아 8~15%, 껍질 6%) • 제분 후 : 1~2%
회분	• 내배유 : 0.3%, 껍질 : 5% • 밀기울 함량 판단 기준
수분	10~14%
조질 공정	껍질과 배유 분리 위한 작업 공정

- 밀가루의 성분에서 탄수화물은 밀가루 함량의 70%를 차지
- 손상된 전분 : 발효성 탄수화물 생성, 덱스트린 형성

■ 이스트의 성질

① 1857년 파스퇴르 발견 / 출아법으로 증식
② 발효 최적 조건 : 온도 28 ~ 32℃, pH 4.5 ~ 5.0
③ 발효 시 : CO_2, 에틸알코올, 유기산 생성 → 팽창 + 풍미 + 식감
④ 최근에는 냉동 반죽용 세미 드라이 이스트도 사용됨

📖 기출 맛보기

이스트에 함유되어 있지 않은 효소는?
① 인버타아제　　② 치마아제
③ 말타아제　　　④ 아밀라아제

정답 ④ 이스트에 들어있는 효소 : 말타아제, 인버타아제, 치마아제, 프로테아제, 리파아제

오답피하기
- 이스트는 고온에서 저장할수록 생존율이 높다.(×)
- 이스트의 주요 기능은 윤활 역할이다.(×)

📑 감미제

■ 당의 성질

① 이스트 먹이 → 팽창력·풍미·촉감 ↑
② 설탕은 밀가루의 5% 사용 시 발효 최적
③ 색 형성
　• 캐러멜화 반응 : 설탕 + 열(160℃)
　• 마이야르 반응 : 당 + 아미노산 + 열
④ 당류 ↑ → 수분 보유력 ↑ → 노화 지연
⑤ 전화당, 꿀, 이성화당 → 흡습성 ↑ → 촉촉함 유지

■ 감미제의 기능

제빵 기능	• 이스트에 발효성 탄수화물 공급 → 발효 도움 • 마이야르 반응 → 껍질 색 진함 • 풍미 ↑ (휘발성 성분 생성) • 기공·조직 부드럽게 함 • 수분 보유력 → 노화 지연, 저장성 ↑

제과 기능	• 단맛 제공 • 수분 보유 → 노화 지연, 신선도 유지 • 글루텐 연화 → 조직 부드러움 • 캐러멜화·마이야르 반응 → 색 진하게 함 • 윤활작용 → 퍼짐성·절단성 조절

📑 유지

■ 유지의 기능

제빵 기능	• 윤활작용 / 부피 증가 / 슬라이스 용이 • 풍미 제공 / 가소성·신장성 ↑ / 노화 지연
제과 기능	• 쇼트닝성(결합력 약화로 바삭함 유도) • 공기 혼입, 크림화, 안정화 • 식감·보존성 향상

📖 기출 맛보기

제빵에서 유지의 기능이 아닌 것은?
① 연화작용　　② 공기 포집
③ 보존성 향상　④ 흡수율 증가

정답 ④ 유지를 사용하면 반죽의 흡수율은 감소하고 제품의 수분 보유력은 증가한다.

■ 유지의 종류

버터	풍미 ↑ / 수분 있음 / 가소성 ↓
마가린	버터 대용 / 크림성 ↑, 융점·가소성 ↓
쇼트닝	라드 대용 / 무색·무취 / 저장성 ↑ / 바삭한 식감
튀김유	튀김온도 180 ~ 195℃ / 발연점 = 유질 안정성 기준

📖 기출 맛보기

마가린에 대한 설명으로 틀린 것은?
① 지방 함량이 80% 이상이다.
② 유지 원료는 동물성과 식물성이 있다.
③ 순수 유지방만을 사용한다.
④ 버터 대용품으로 사용된다.

정답 ③ 순수 유지방만을 사용하는 제품은 버터이다.

📘 물과 소금 및 분유

■ 물의 기능

① 글루텐 형성
② 반죽 온도 및 농도 조절
③ 재료 분산 / 효모·효소 활성화
④ 제빵에 가장 적합한 물 = 아경수(121 ~ 179ppm)
⑤ 경수 → 발효 지연 / 연수 → 반죽 질고 끈적

> **경수와 연수**
> - 경수 : 반죽이 되고, 글루텐을 강화시켜 발효가 지연되며, 탄력성을 증가시킴
> - 연수 : 반죽이 질고, 글루텐을 연화시켜 끈적거리는 반죽으로 오븐 스프링이 나쁨
> → 경수는 강하게, 연수는 약하게 작용한다는 이미지로 이해

> **📖 기출 맛보기**
> 식빵의 껍질 색이 너무 옅은 결점의 원인은?
> ① 과도한 믹싱　　② 연수 사용
> ③ 설탕 사용 과다　　④ 과도한 굽기
>
> 정답 ② 연수는 미네랄을 60ppm 이하로 함유하고 있어 껍질 색을 옅게 만든다.

■ 소금(식염)의 효과

① 글루텐 강화 → 반죽 질감 단단해짐 → 반죽시간 증가
② 후염법 : 글루텐 형성 후 소금 첨가 시 반죽시간 단축
③ 일반 사용량 : 1.75 ~ 2.25%(밀가루 대비)

> **📖 기출 맛보기**
> 소금을 늦게 넣어 믹싱 시간을 단축하는 방법은?
> ① 염장법　　② 후염법
> ③ 훈제법　　④ 염지법
>
> 정답 ② 후염법은 소금을 제외한 모든 재료를 넣고 반죽하다가 클린업 단계 이후 소금을 넣어 믹싱 시간을 단축시키는 방법이다.

> **오답피하기**
> - 소금은 반죽을 유연하게 한다.(×)
> - 소금은 발효를 촉진한다.(×)

■ 소금의 기능

① 잡균 번식 억제 → 방부효과
② 껍질 색 조절(갈색화)
③ 풍미 향상 / 맛 조절
④ 글루텐 강화 → 탄력 부여
⑤ 삼투압 작용 → 이스트 활력 조절
⑥ 흡수율 ↓ → 클린업 후 넣으면 흡수율 ↑ → 저장성 ↑

> **설탕과 소금의 기능**
> - 설탕은 밀가루 단백질을 연화시켜 제품의 조직을 부드럽게 함
> - 소금은 반죽의 물성을 좋게 하고 캐러멜화의 온도를 낮추며, 껍질 색을 조절함

> **📖 기출 맛보기**
> 일반적으로 반죽을 강화시키는 재료는?
> ① 유지, 탈지분유, 달걀
> ② 소금, 산화제, 탈지분유
> ③ 소금, 산화제, 설탕
> ④ 유지, 환원제, 설탕
>
> 정답 ② 소금과 산화제는 글루텐 강화에, 탈지분유는 단백질 보강에 도움을 준다.

■ 분유

① 기능 : 영양 보강 + pH 조절 + 색상 개선 + 글루텐 강화
② 주의 : 발효 저해 가능성, 사용량 3% 미만 권장

📘 이스트 푸드 및 제빵 개량제

■ 이스트 푸드

물 조절제	칼슘염 등 → 아경수 유지, pH 조절
이스트 조절제	암모늄염 → 질소 공급, 발효 촉진
반죽 조절제	비타민 C → 글루텐 강화

> 이스트 푸드는 '이스트의 먹이'라는 뜻으로, 제빵 과정에서 이스트의 발효를 돕고 빵의 품질을 향상시키기 위해 사용

- 제빵 개량제
  ① 믹싱·발효시간 조절
  ② 반죽 물성·pH·경도 조절 / 질소 공급
  ③ 부피 ↑, 색·풍미 개선, 노화 지연 → 품질 향상

우유 및 유제품

- 우유의 성질 및 기능
  ① 수분 87.5%, 고형물 12.5%(단백질 3.4%)
  ② 단백질 75~80%는 카세인 → 열에 강하고 응고되지 않음
  ③ 글루텐 기능 및 믹싱 내구성 향상, 속결 부드러움
  ④ 발효 시 pH 완충 효과
  ⑤ 유당 : 빵의 색 개선, 수분 보유력으로 노화 지연
  ⑥ 라이신·칼슘 보완, 풍미 향상

- 우유의 구성 성분

유지방	• 원심분리 시 크림 형성 • 지용성 비타민(A·D·E), 콜레스테롤 포함
단백질	• 주로 카세인 • 열에는 안정, 산·레닌에는 응고
유당	이스트에 발효되지 않음
미네랄	• 칼슘·인 : 우유 내 1/4 차지 • 구연산 소량 함유
효소·비타민	• 효소는 대부분 불활성 • 비타민 A, B군 풍부, D·E는 부족

오답피하기
- 우유의 유당은 이스트에 의해 쉽게 분해된다. (×)
- 우유 단백질 중 가장 많은 것은 락토오스이다. (×)
- 우유의 성분 중 치즈를 만드는 원료는 유당이다. (×)

- 유제품

시유	표준화·살균·냉장된 일반 우유
농축우유	수분 줄인 제품(연유, 생크림 등)
생크림	유지방 16~80%로 나뉨(휘핑용 35% ↑)
연유	가당 시 설탕 40%, 부피 1/3 농축
분유	수분 제거한 우유(가루 형태)
전지분유	지방 포함
탈지분유	지방 제거 유당 50%, 단백질·회분 ↑
치즈	• 레닌·유산균으로 응고, 숙성·발효 • 자연·가공 치즈로 구분

기출 맛보기
빵에서 탈지분유의 역할이 아닌 것은?
① 흡수율 감소 ② 완충제 역할
③ 조직 개선   ④ 껍질 색 개선

정답 ① 분유의 역할 : 영양 강화, 수분 흡수율 증가, 조직 개선, 완충제 역할, 껍질 색 개선

- 우유의 미생물 오염
  ① 대장균 : 거품·이상응고
  ② 단백질 분해균 : 점질화·쓴맛 유발
  ③ 산생성균 : 산도 ↑ → 선도 저하
  ④ 냉장 중에도 변패 가능

생크림 및 달걀

- 생크림
  ① 우유 지방 농축물
  ② 휘핑용 : 유지방 35% ↑
  ③ 커피용 : 20~30%, 냉장(3~7℃) 보관
  ④ 시유보다 저장성 좋음

- 달걀 구성
  ① 구성비 : 껍질 10%, 노른자 30%, 흰자 60%
  ② 고형분/수분 : 전란(25/75), 노른자(50/50), 흰자(12/88)

- 달걀의 기능

결합제 (농후화제)	단백질 변성 → 응고·점성 부여(커스터드 크림, 푸딩 등)
팽창제	공기 포집·열 팽창(케이크 부피 ↑)
유화제	레시틴 → 수분·기름 혼합(마요네즈 등)
색상	노른자 황색 → 식욕 자극
영양	단백질, 지질, 비타민 등 풍부한 완전식품

오답피하기
- 달걀 흰자는 대부분 물이고, 그 다음 많은 성분은 지방질이다.(×)
- 달걀 노른자에 가장 많은 것은 단백질이다.(×)
- 노른자보다 흰자가 유화성이 크다.(×)
- 달걀은 제품 껍질의 갈색화를 일으킨다.(×)

- 달걀의 신선도 판별법
  ① 외관 : 껍질 거칠고 광택 無
  ② 투시 : 노른자 구형
  ③ 비중 : 소금물(6~10%)에 가라앉음
  ④ 난황계수 : 깼을 때 노른자 높이 높고 쉽게 깨지지 않음

팽창제 및 향신료

- 팽창제 종류 및 특징

베이킹파우더	• 소다(탄산수소나트륨) + 산 • CO_2 발생 → 케이크·쿠키 팽창
탄산수소 나트륨(중조)	• 베이킹파우더 주성분 / 단독 사용 가능 • 과다 사용 시 색 어두움, 소다 맛 발생
암모늄염	• 물만 있어도 작용 / 암모니아 가스 발생 • 단백질 연화작용

베이킹파우더 사용량 과다 시 특징
- 밀도가 낮고 부피가 큼
- 빵 속 색이 어두움
- 같은 조건일 때 건조 속도가 빠름
- 기공과 조직이 조밀하지 못해 결이 거칠음
- 오븐 스프링이 커져 주저앉기 쉬움

기출 맛보기
오븐 스프링(Oven Spring)이 일어나는 원인이 아닌 것은?
① 전분 호화   ② 가스압
③ 용해 탄산가스 기화   ④ 알코올 기화

정답 ① 오븐 스프링은 용해 탄산가스와 알코올이 기화되면서 가스압이 증가하여 일어난다.

오답피하기
- 베이킹파우더가 반응을 일으키면 암모니아를 발생한다.(×)
- 과량의 산은 반죽의 pH를 높게, 과량의 중조는 pH를 낮게 만든다.(×)

- 향신료의 기능
  ① 풍미 향상
  ② 보존성 증가

- 주요 향신료 종류

계피	나무껍질
너트맥	건조한 과육
생강	매운맛·강한 향
클로브	상록수 꽃봉오리
올스파이스	계피 + 너트맥 복합향
카다몬	다년초 열매
박하	민트류 잎
기타	바닐라, 사프란, 양귀비씨, 후추, 코리앤더, 캐러웨이 등

안정제

- 기능
  ① 점착성 ↑, 유화 안정성 ↑
  ② 형태 유지, 촉감 개선
  ③ 사용 예 : 글루텐, 펙틴, 아라비아검, 카세인, 아밀로펙틴, 한천, CMC, 카라기난 등

주요 안정제 종류 및 특징

한천 (Agar)	• 우뭇가사리 유래 • 0.5% 저농도로도 겔 형성 • 80 ~ 100℃ 융해, 28 ~ 35℃ 응고 • 알칼리에서 응고력 ↑, 산성에 약함 • 설탕↑ → 응고력 ↑, 젤라틴보다 응고력 강함(7 ~ 8배) • 용도 : 젤리, 양갱, 아이스크림, 드레싱 등
CMC (카복시메틸 셀룰로오스)	• 셀룰로오스 유도체 • 찬물·뜨거운 물에 잘 녹음 • pH 7 근처에서 효과 가장 좋음(산성에 약함) • 값 저렴, 용해도 우수 • 용도 : 아이스크림, 라면, 초코우유 등
젤라틴 (Gelatin)	• 끓는 물에 용해, 3 ~ 10℃에서 응고 • 1.5 ~ 2% 농도에서 겔화 잘 됨 • pH 4.7 근처 응고력 ↑, 산 많으면 ↓ • 설탕은 응고력 ↓, 염류는 ↑, 단백질 분해효소는 ↓ • 용도 : 젤리, 소시지, 햄, 비스킷, 캐러멜 등
펙틴 (Pectin)	• 감귤·사과 과피 유래 • 겔화제 → 품질 향상 • 메톡시기 함량에 따라 성질 달라짐 • 찬물에 잘 녹지 않으며, 5% 이상일 경우 저어줄 것 • 용도 : 잼, 젤리 등

오답피하기
- 젤라틴은 식물성 안정제이다.(×)
- 콜로이드 용액의 겔 형성과정은 비가역적인 과정이다.(×)

양주 및 초콜릿

■ 양주

① 기능 : 풍미·보존성 ↑ / 지방산 중화 작용 / 잡내 제거

② 종류

럼	사탕수수 당밀 발효
그랑 마니에르	• 오렌지 껍질 + 꼬냑 • 초콜릿과 궁합 좋음
꼬냑, 브랜디, 쿠앵트로	과자·생크림용
기타	큐라소(오렌지), 키르슈(체리), 위스키 등 활용됨

재료 성분에 따른 혼성주 분류
- 오렌지 : 큐라소, 그랑 마니에르, 쿠앵트로
- 체리 : 마라스키노, 키르슈

■ 초콜릿

① 코코아와 초콜릿

코코아	• 카카오빈에서 지방 제거 후 만든 가루 • 주성분 : 코코아버터(55%), 알칼로이드, 탄수화물, 단백질, 유기산, 미네랄
초콜릿	• 카카오빈 + 코코아버터 + 설탕 + 유제품 등 혼합 • 보관 : 온도 15 ~ 18℃ / 습도 40 ~ 50% 적정 • 코코아버터 : 체온에 잘 녹음 / 산화 안정성 높아 풍미 오래 유지

② 초콜릿의 종류

카카오매스	카카오빈 순수 성분 / 쓴맛 / 커버춰용
다크 초콜릿	• 카카오매스 + 설탕 + 버터 • 다크 스위트(카카오버터 15% ↑) • 세미·비터 스위트(카카오버터 35% ↑)
밀크 초콜릿	• 다크 초콜릿 + 분유 • 색 옅을수록 분유 함량 ↑
화이트 초콜릿	• 카카오 고형분 無 • 버터·설탕·분유 포함

가나슈용	• 버터 없이 설탕만 첨가 • 유지 적어 크림류와 잘 어울림
코팅용	• 버터 제거 후 식물성 유지 + 설탕 • 템퍼링 불필요

템퍼링(Tempering)의 효과
- 팻 블룸(Fat bloom)이 일어나지 않음
- 용해성(구용성)이 좋아져 입안에서 잘 녹음
- 매끄러운 광택이 남
- 안정한 결정이 많고 결정형이 일정함

열량 영양소

■ **영양소 개요**

① 영양소 : 체내 흡수되어 성장, 유지, 대사에 관여하는 성분

> 비타민, 무기질, 물은 열량(칼로리)을 내지 않는 영양소다. 시험에서 '영양소'만 묻는 경우 헷갈릴 수 있으므로, 열량을 내는 영양소만 따로 구분해야 한다.

② 3대 열량 영양소의 주요 기능

탄수화물	주 에너지원, 특히 뇌와 신경조직에 필수
지방	에너지원, 지용성 비타민의 흡수 촉진 및 체온 유지
단백질	근육, 조직, 효소, 호르몬 등 신체 구성

■ **탄수화물**

특성	• C : H : O = 1 : 2 : 1 비율의 유기화합물 • 곡류·서류·설탕에 多, 소장에서 단당류로 흡수
기능	• 에너지 공급(1g당 4kcal, 흡수율 98%) • 혈당 유지(혈당 0.1%) • 단백질 절약 작용 / 피로 회복 • 지방의 완전 대사 유도 / 케톤증 예방 • 섬유질 → 장운동 ↑, 변비 예방 • 감미·향미 제공 → 식욕 자극, 식감 향상
소화 과정	• 입 : 프티알린(타액) → 전분 분해 시작 • 위 : 소화 거의 없음 • 소장 : 최종 소화 → 단당류 형태
흡수· 대사	• 흡수과정 : 소장에서 단당류 → 모세혈관 → 문맥 → 간 • 대사 경로 : 해당과정(Glycolysis), TCA, 글리코겐 합성·분해, 당신생

> **오답피하기**
> • 탄수화물은 뼈를 자라게 한다.(×)
> • 탄수화물은 호르몬을 합성한다.(×)

혈당 관련 호르몬과 프티알린
- 혈당을 올리는 호르몬 : 글루카곤, 아드레날린, 성장호르몬
- 혈당을 낮추는 호르몬 : 인슐린
- 프티알린 : 아밀레이스의 일종, 둘을 다르게 보는 문제에 주의 → 프티알린은 침(타액) 속에 포함된 탄수화물 분해효소로, 시험에서 '아밀레이스'라고만 나와도 정답일 수 있음

■ **지방**

특성	• C, H, O로 구성된 유기화합물 • 물에 불용, 유기용매에 용해 • 글리세롤 + 지방산 결합체 • 산·알칼리·효소에 의해 지방산 + 글리세롤로 분해(가수분해)
기능	• 생체 구성 + 에너지 공급(1g당 9kcal) • 지용성 비타민(A·D·E·K) 흡수 촉진 • 장기 보호(내장 완충 역할) • 체온 유지 / 장 윤활 → 변비 예방 • 필수지방산 공급 → 성장·건강 유지, 콜레스테롤 조절
소화· 흡수	• 위 : 리파아제 작용 소량 / 담즙으로 유화 • 췌장 : 리파아제 → 지방 → 지방산 + 글리세롤 • 소장 : 주요 소화·흡수 부위 • 흡수 경로 : 췌장 → 소장 → 림프관 → 혈액 → 심장 → 전신 • 소화·흡수율 약 95%

식품 속 주요 공급원
- 리놀레산(오메가-6) 지방산 : 식물성 기름(옥수수유, 해바라기유 등)
- 리놀렌산(오메가-3) 지방산 : 들기름, 아마씨유, 견과류
- 아라키돈산 : 육류, 달걀 노른자

📖 기출 맛보기

생체 내에서 지방의 기능으로 틀린 것은?
① 효소의 주요 구성 성분이다.
② 생체기관을 보호한다.
③ 체온을 유지한다.
④ 주요한 에너지원이다.

정답 ① 효소의 주요 구성 성분은 단백질이다.

오답피하기
- 단백질의 주요 기능은 대사작용 조절이다.(×)
- 탄수화물, 지방과 비교할 때 단백질만이 가지는 특징적인 구성 성분은 질소이다.(○)

📋 조절 영양소

■ 무기질

정의	탄소·수소·산소·질소 외 체내 구성 성분(체중의 약 4%)
특징	체내 합성 불가 → 음식물로 섭취해야 함
분류	• 다량 무기질 : 칼슘(Ca), 인(P), 마그네슘(Mg), 나트륨(Na), 칼륨(K), 황(S), 염소(Cl) • 미량 무기질 : 철(Fe), 아연(Zn), 아이오딘(I), 구리(Cu), 코발트(Co) 등
영양학적 특징	• 뼈·치아 구성 • 효소·호르몬 합성 및 활성화 • 삼투압, pH 조절 • 신경전달 및 근육 수축·이완 조절

오답피하기
- '뼈와 치아' 관련 무기질은 칼슘(Ca)과 인(P)이 모두 중요하지만, 시험에서 '가장 핵심적인 무기질'로 묻는 경우는 칼슘이 정답
- '치아 형성'에서 불소(F)와 혼동 주의
  → 불소 : 치아 보호 및 충치 예방(구조 형성에는 영향 ×)

칼슘과 철의 기능
- 칼슘의 다른 기능 → 혈액 응고, 근육 수축, 신경 전달에도 관여함
- 철의 기능 → 헤모글로빈 구성에 관여, 혈액 전반이 아닌 산소 운반 기능에 집중(헤모글로빈 = 혈액 내 적혈구에서 산소를 결합해 운반)

■ 단백질

특성	C, H, O, N 등으로 구성된 유기화합물

기능	• 에너지 공급(1g당 4kcal) / 흡수율 92%
	• 체액 중성 유지 : 삼투압·pH 조절
	• 효소·항체·호르몬 생성
	  - 효소 구성성분 / 면역 작용 관여
	  - 호르몬 : 티록신, 아드레날린
	• 체세포 구성, 혈액단백질, 생리활성·면역 기능 등 수행
	• 조직 구성·보수 : 피부, 모발, 손톱, 뇌, 근육 등

종류 및 구성	• 완전 단백질 : 필수아미노산이 균형 있게 포함되어 있음 예 카세인(우유), 미오신(육류), 오브알부민(달걀), 글리시닌(콩) 등 • 부분적 완전 단백질 : 필수아미노산 중 일부가 부족하여 영양적으로 불완전함 예 글리아딘(밀), 호르데인(보리), 오리제닌(쌀) 등 • 불완전 단백질 : 필수아미노산이 거의 없거나 매우 부족함 예 제인(옥수수), 젤라틴(육류) 등

소화·흡수	• 위 : 펩신 → 단백질을 폴리펩타이드로 분해
	• 소장 : 췌장 효소 → 아미노산으로 최종 분해 → 흡수
	• 흡수 경로 : 융모·점막 → 문맥 → 간
	• 이용
	  - 체단백 합성 및 조직 보수
	  - 일부는 열량 공급
	  - 남은 아미노산은 지방/당질로 전환되어 저장
	• 일부 미흡수분은 소변으로 배설

- **비타민과 물**
  ① 비타민의 정의 및 기능
  - 체내 합성 불가 → 반드시 식품으로 섭취해야 함
  - 보조 효소 역할, 신체 기능 조절, 결핍 시 영양장애 유발
  - 에너지원은 아님
  ② 수용성 비타민의 종류

비타민	
비타민 B_1	식욕 촉진
비타민 B_2	점막 보호
비타민 B_3	피부 건강 유지
비타민 B_6	단백질 대사
비타민 B_9	적혈구 생성
비타민 B_{12}	성장·발달 촉진
비타민 C	세포 저항력 강화

  > **수용성과 지용성**
  > - 수용성 : 체내 저장 × → 매일 섭취 필요 / 과잉은 소변으로 배설
  > - 지용성 : 체내 축적 ○ → 과잉 시 독성 위험

  ③ 지용성 비타민의 종류

비타민 A	시력 유지, 발육 촉진
비타민 D	칼슘 흡수, 뼈 성장
비타민 E	항산화, 근육 보호
비타민 K	혈액 응고 조절

  > **비타민 D의 결핍증**
  > - 구루병(소아), 골연화증(성인)
  > - 비타민 D 결핍 → 칼슘 흡수 저하 → 칼슘 결핍 유발 → 골다공증 악화 가능

  ④ 물의 기능 및 역할
  - 인체에서 가장 기본이 되는 성분으로, 체중의 약 55~65%를 차지
  - 체내 수분 20% 상실 시 생명 위험 초래
  - 주요 기능
    - 체내 대사 작용의 촉진
    - 영양소와 노폐물의 운반
    - 체온 조절 및 내장 기관 보호
    - 각종 분비액의 구성 성분

소화와 흡수

- **소화 효소의 종류**

탄수화물 분해	아밀라아제, 수크라아제, 말타아제, 락타아제
지방 분해	리파아제, 스테압신
단백질 분해	펩신, 트립신, 에렙신

- **영양소의 흡수 원리**

입	탄수화물 일부 소화(영양소 흡수는 없음)
위	단백질 소화 / 물과 소량의 알코올 흡수
췌장	모든 영양소 소화 효소 분비
소장	영양소의 대부분 흡수(95%)
대장	수분 흡수, 미흡수 영양소는 배설

- **영양소의 흡수 경로**

수용성 영양소	(포도당, 아미노산, 무기질 등) → 소장 모세혈관 → 문맥 → 간 → 심장 → 전신
지용성 영양소	(지방산, 지용성 비타민 등) → 소장 림프관 → 정맥 → 심장 → 전신

- **에너지 대사**

기초대사량	생명 유지에 필요한 최소 에너지 소비량
에너지 대사율	노동대사량 ÷ 기초대사량

식품위생학 개론

- **식품위생의 정의**
  ① WHO 정의 : 식품이 섭취되기까지의 전 과정에서 안전성, 건전성, 품질 악화 방지를 위한 모든 수단
  ② 식품위생법 정의(우리나라) : 식품, 식품첨가물, 기구, 용기·포장을 대상으로 하는 위생(의약품으로 섭취하는 것은 제외)

- **식품위생의 목적과 대상 범위**

목적	• 위생상 위해 방지 • 식품 영양의 질 향상 및 식품 관련 올바른 정보 제공 • 국민 건강 보호·증진
대상 범위	• 모든 음식물 포함(단, 의약품 섭취는 제외) • 대상 : 식품, 식품첨가물, 기구, 용기·포장

- **식품 관련 영업의 종류**
  ① 식품 제조·가공업
  ② 즉석판매 제조·가공업
  ③ 식품첨가물제조업
  ④ 식품운반업
  ⑤ 식품소분·판매업
  ⑥ 식품보존업(조사처리업, 냉동·냉장업 포함)
  ⑦ 용기·포장류제조업(용기·포장지제조업, 옹기류제조업)
  ⑧ 식품접객업(휴게음식점, 일반음식점, 단란주점, 유흥주점, 위탁급식, 제과점 등)
  ⑨ 공유주방 운영업

식품 미생물

- **미생물의 특성**
  ① 주로 단세포 또는 균사 형태로 존재
  ② 육안 식별 불가
  ③ 식품 제조에 활용되거나 식중독의 원인이 되기도 함

- **미생물의 종류**
  곰팡이, 효모, 세균, 리케치아, 바이러스

  > 바이러스는 자기 세포 분열 ×, 숙주세포 안에서 복제됨(이분법 ×)

  오답피하기
  • 효모는 주로 분열법으로 그 수를 늘린다.(×)
  • 바이러스는 주로 이분법으로 수를 늘린다.(×)
  • 세균은 주로 출아법으로 그 수를 늘린다.(×)

- **미생물의 발육 조건**
  ① 영양소　　② 수분 및 수분활성도
  ③ 온도　　　④ pH
  ⑤ 산소요구도　⑥ 삼투압

식품의 변질

- **정의**
  식품의 성분이 여러 환경 요인에 의해 변하여 원래 특성을 잃고 영양소가 파괴되는 현상

- **요인**

생물학적 요인	미생물에 의한 부패, 발효
화학적 요인	산화, pH 변화
물리적 요인	온도, 수분, 빛

> **수분과 습도**
> • 수분 : 식품 내부의 수분 함량
> • 습도 : 외부 환경의 수분 농도

- **부패의 종류 및 판정 방법**
  ① 종류 : 부패, 변패, 산패, 발효

  - 부패 : 고기, 생선이 상하며 암모니아·황화수소 냄새 발생
  - 변패 : 밥이나 떡이 쉬는 현상
  - 산패 : 식용유, 견과류, 버터 보관 시 산패취(쩐내) 발생

  ② 판정 방법 : 관능검사, 세균학적 검사, 화학적 검사

- **부패 방지 방법**

물리적 방법	건조법, 냉장·냉동법, 자외선 살균법, 방사선 살균법, 고압 증기 멸균법
화학적 방법	염장법, 당장법, 초절임법, 가스저장법

소독, 살균 및 방부

- **소독**

정의	병원균만을 물리·화학적 방법으로 사멸시켜 감염을 방지하는 것
특징	포자(세균의 아포)는 죽이지 못함
소독제의 조건	• 미량으로 효과 있어야 함 • 냄새가 없어야 함 • 경제성·안전성 확보 • 침투력 우수하고 사용이 간편해야 함

- **살균**
  ① 정의 : 미생물에 물리·화학적 자극을 주어 이를 단시간 내에 사멸시켜 멸균하는 것
  ② 종류 : 가열 살균법, 방사선 살균법, 고압 증기 멸균법, 세균 여과법, 열탕 소독법 등
  ③ 가열 살균법의 종류 : 저온 장시간, 고온 단시간, 고온 장시간, 초고온 순간 살균법

- **방부와 멸균**

방부	미생물의 증식을 억제하여 부패·발효를 일시적으로 방지하는 것
멸균	병원균뿐 아니라 비병원균 및 포자까지 완전히 사멸시켜 무균 상태로 만드는 것

감염병과 기생충

- **감염병 발생 3대 요소**
  ① 감염원(병원소)
  ② 감염경로
  ③ 감수성 숙주

- **감염병 생성 과정**
  병원소 → 탈출 → 전파 → 침입 → 감염

- **감염경로별 분류**

호흡기계	디프테리아, 폐렴, 백일해, 성홍열, 결핵 등
소화기계	콜레라, 세균성 이질, 장티푸스, 파라티푸스 등

- **병원체별 분류**

세균성	콜레라, 장티푸스, 디프테리아 등
바이러스성	A형간염, 홍역, 인플루엔자 등
리케치아성	발진티푸스, 쯔쯔가무시증 등
원생동물성	아메바성 이질 등

- **법정 감염병**

구분	특징	종류
제1급 (17종)	• 치명률 높음 • 즉시신고	에볼라, 탄저, SARS, MERS 등
제2급 (21종)	• 격리 필요 • 24시간 내 신고	결핵, 수두, 콜레라, 장티푸스 등
제3급 (28종)	• 감시 필요 • 24시간 내 신고	말라리아, B형간염, AIDS 등
제4급 (23종)	표본감시	수족구병, 임질, 회충증 등

- **경구 감염병**

특징	소화기계, 입으로 감염, 잠복기가 길고 2차 감염 多
예방법	소독, 보균자 관리, 위생, 예방접종 등
종류	• 세균성 : 장티푸스, 세균성 이질, 파라티푸스, 콜레라, 디프테리아 등 • 바이러스성 : 소아마비, A형간염, 감염성 설사증, 천연두 등

> **오답피하기**
> • 경구 감염병은 비교적 잠복기가 짧다.(×)
> • 경구 감염병의 예방대책으로 모든 예방접종은 1회만 실시한다.(×)
> • 경구 감염병의 예방대책으로 숙주 감수성을 유지한다.(×)

- **인수공통감염병**

정의	사람과 동물 모두 감염
예방법	병축 격리, 소독, 병육 유통 금지
종류	• 탄저 : 패혈증, 생고기 섭취 • 브루셀라증 : 파상열, 유제품/육류 • 결핵 : 소 유제품 • Q열 : 리케차, 우유 살균 • 돈단독 : 돼지 • 야토병 : 산토끼 • 리스테리아증 : 유제품/육류 • 구제역 : 소·돼지·양 등 우제류

• 식중독은 대부분 인수공통감염병 아님
• 인수공통감염병은 반드시 '동물이 병원체의 보유원'이어야 함

- **노로바이러스**

증상	구토(소아), 설사(성인), 1~2일 내 호전
특징	• 60℃, 30분 가열해도 생존 • 염소 소독에도 불활성화 어려움
예방	• 분변 또는 구토물 주의 • 회복 후 최소 3일간 감염성 지속, 손씻기 필수

- **기생충**

① 기생충의 종류

채소류 감염 기생충	회충, 요충, 구충(십이지장충), 편충, 동양모양선충 등
어패류 감염 기생충	간흡충, 폐흡충, 광절열두조충, 유극악구충 등
육류 감염 기생충	유구조충, 무구조충, 선모충 등

> **간디스토마와 폐디스토마**
> • 간디스토마(간흡충)
> - 왜우렁이(1숙주) : 간흡충의 유충이 처음 기생하여 발달 시작
> - 담수어(2숙주) : 왜우렁이에서 나온 유충이 감염된 민물고기(붕어, 잉어 등)에 기생
> - 사람이 먹으면 감염 → 사람은 종숙주(최종숙주)
> • 폐디스토마(폐흡충)
> - 폐디스토마 알 → 물속에서 부화
> - 다슬기(1숙주)가 섭취 → 유충 성장
> - 민물게(2숙주)가 다슬기 유충을 섭취 → 근육 내 피낭유충 형성
> - 사람이 민물게나 민물새우를 익히지 않고 섭취 시 감염

② 기생충 예방법
• 채소류 : 흐르는 물에 3~5회 이상 세척 후 섭취
• 육류·어패류 : 반드시 가열 후 섭취
• 조리기구 : 소독·살균 후 사용
• 개인위생 : 손씻기 철저

식중독

■ 세균성 식중독

① 정의 : 식품 속에 오염된 세균 또는 세균이 만든 독소를 섭취해 발생

② 종류

감염형	• 세균 자체가 장에 들어와 증식 → 식중독 • 살모넬라균, 장염 비브리오균, 병원성 대장균
독소형	• 세균이 만든 독소를 섭취해 발생 • 포도상구균, 보툴리누스균

오답피하기

독소형과 감염형 혼동 금지
- 독소형 : 포도상구균, 클로스트리디움 보툴리눔 → 음식물 내 독소 섭취가 원인
- 감염형 : 장염 비브리오 → 살아있는 균을 섭취해서 감염

보툴리눔 독소
- 자연계 최강의 독소 중 하나
- 치사량 : 1g의 독소만으로 수천 명 사망 가능
- 주 작용 : 신경전달물질 차단 → 근육 마비 → 호흡 정지 가능

■ 자연독에 의한 식중독

식물성 식중독	감자(솔라닌, 셉신), 독미나리(시큐톡신), 미치광이풀(히오시아민) 등
동물성 식중독	복어(테트로도톡신), 섭조개(삭시톡신), 모시조개(베네루핀) 등

■ 곰팡이독

정의	곰팡이의 대사 산물로 사람이나 동물에 어떤 질병이나 이상 생리 작용을 유발하는 물질
종류	아플라톡신, 맥각 중독, 황변미 중독 등

■ 화학적 식중독

유해 중금속	• 종류 : 카드뮴, 수은, 주석, 납, 구리, 아연, 비소 등 • 원인 : 오염된 물, 어패류, 금속 용기 등
합성 플라스틱	• 종류 : 페놀수지, 멜라민수지, 요소수지 • 원인 : 식품용기나 조리도구에서 용출 가능
유기 화합물	• 메틸알코올 : 공업용 알코올, 실명 유발 • 벤조피렌 : 탄 음식에 생성, 발암 가능 • 니트로사민 : 가공육 등에서 발생 • 다이옥신 : 환경오염물질, 독성·잔류성 강함 • 아크릴아마이드 : 고온에서 튀긴 탄수화물 식품

이타이이타이병과 미나마타병
- 이타이이타이병 : 카드뮴 중독, 주로 쌀·물을 통해 축적
- 미나마타병 : 유기수은 중독, 주로 오염된 어패류 섭취로 발생

■ 알레르기성 식중독(부패성 식중독)

정의	부패 산물 히스타민에 의해 발생하는 알레르기 유사 식중독
원인 식품	꽁치, 고등어, 참치 등 붉은 살 생선 및 그 가공품
증상	홍조, 두드러기, 가려움 등 피부 반응

식품첨가물

■ 개요

정의	식품 제조·가공·보존 시 첨가·혼합·침윤하는 물질(FAO/WHO 및 식품위생법 기준)
목적	보존성·기호성 향상, 품질·영양 가치 증진, 변질 방지
조건	간편 사용, 저독성, 저비용, 안정성, 무미·무취, 소량으로 효과

식품첨가물의 사용 기준

ADI	• 1일 섭취 허용량 • 평생 섭취해도 건강에 무해한 최대량
최대 무작용량	독성 없이 평생 섭취 가능한 최대량 (동물 실험 기준)
사용한계농도	• 실험을 통해 최소 유효량 설정 • ADI 이하인 경우에만 사용 가능

식품첨가물의 분류

① 보존 목적

방부제	부패 방지 및 신선도 유지(예 소르빈산, 안식향산)
살균제	병원균 제거(예 표백분, 차아염소산나트륨)
항산화제	지방 산패 방지(예 비타민 E, BHA, BHT)

② 품질 개량 및 유지

피막제	과일·채소 표면에 코팅 및 신선도 유지
밀가루 개량제	숙성 단축 및 표백(예 브로민산칼륨)
증점제(호료)	점도·형태 유지(예 젤라틴, 알긴산나트륨)
강화제	영양 강화(예 비타민, 미네랄)
유화제	물과 기름의 혼합 안정화(예 레시틴, 모노디글리세라이드)
이형제	틀에서 쉽게 분리(예 유동파라핀)

③ 기호성 향상

감미료	단맛 부여(예 아스파탐, 스테비오사이드)
조미료	맛 향상(예 글루탐산나트륨)
착색료	색상 보완·미화(예 식용 적색·청색 등)
발색제	색 고정(예 아질산나트륨)
표백제	변색 제거(예 과산화수소)

④ 제조 보조

팽창제	부풀림 기능(예 탄산수소나트륨)
소포제	거품 제거(예 실리콘수지)

로다민 B : 공업용 염료로, 인체에 발암 가능성 있어 식용이 금지된 색소

HACCP

개요

① HACCP : 식품의 위해요소를 예방적으로 관리하기 위한 식품 안전 관리 체계
② 정의 : 위해요소 분석(Hazard Analysis) + 중요 관리점(Critical Control Point)
③ 위해요소 분석 : 식품에 해를 끼칠 수 있는 요소(생물학적, 화학적, 물리적 등)를 파악, 평가하는 과정
④ 중요 관리점 : 위해요소를 예방·제거·감소시키기 위한 중요한 공정 단계

위해요소 분석'과 '중요 관리점'을 각각 따로 기억하지 않으면 문장형 문제에서 틀릴 수 있음

구성요소

HACCP Plan	위해요소 분석, 중요 관리점 설정, 모니터링 및 개선 조치, 검증, 기록 관리 등 포함된 식품 안전 관리계획
SSOP (표준위생관리기준)	일상적 위생관리 지침(종업원, 운송, 보관 등)
GMP (우수제조기준)	위생적 시설 및 설비 조건(건물 위치, 구조, 재질 등)

HACCP 준비 5단계

① HACCP팀 구성 : 책임자와 전문가 포함
② 제품 설명서 작성 : 원재료, 제조법, 유통 방식 등
③ 제품 용도 파악 : 사용 방식, 대상 소비자
④ 공정 흐름도·평면도 작성 : 입고~출하 전 과정
⑤ 현장 일치 여부 확인 : 흐름도와 실제 공정 비교 확인

HACCP 7원칙

① 위해요소 분석
② 중요 관리점(CCP) 설정
③ 한계 기준 설정
④ 모니터링 체계 확립
⑤ 개선 조치 마련
⑥ 검증 방법 설정
⑦ 문서화 및 기록 유지

위생 관리

- **개인위생 관리**
  ① 건강진단 : 매년 1회 의무(일부 업무 제외)
  ② 종사 불가 질병 : 결핵, 피부병, 화농성 질환, AIDS (일부 직종)
  ③ 업무 일시 제한 질병 : 콜레라, 장티푸스, 파라티푸스, 세균성 이질, 장출혈성 대장균, A형간염

- **교차오염**

정의	오염된 식품·기구의 균이 비오염 식재료로 전이되는 것
방지법	• 칼·도마 등은 용도별·구역별 구분 사용, 자주 소독 • 식품은 바닥에서 60cm 이상에서 취급 • 조리 완료 후 위생 기구 사용 및 밀폐 보관 • 재료 사용 시 선입선출 원칙 적용

- **설비위생 관리**
  ① 출입문 및 창문
  - 출입구에 위생 복장 착용법, 세척·소독 시설 설치
  - 주방·영업장은 화장실과 격리
  - 자동문, 에어커튼 설치 권장
  - 출입구는 인원과 물류용을 분리
  - 유리창 대신 안전한 대체재 사용
  - 창틀 각도 45° 이하, 창면적은 벽의 70%, 바닥의 20 ~ 30%
  - 방충망은 중성세제로 세척 후 건조 유지

  ② 작업장 시설
  - 작업 동선 고려하여 설계
  - 작업 테이블은 중앙 배치
  - 배수관 내경 ≥ 10cm
  - 적정 온도 25 ~ 28℃, 습도 70 ~ 75% 유지
  - 물품은 바닥·벽과 15cm 이상 거리 두기
  - 소형 환기 설비 다수 설치가 효과적

  ③ 방충·방서 시설
  - 위생 해충 유입 차단 필수
  - 제과·제빵용 금속망은 30mesh가 적정
  - 방충망은 2개월에 1회 이상 청소

  > **메시(Mesh)**
  > - 1인치(2.54cm)당 망의 구멍 수
  > - 수치가 클수록 구멍이 작음
  > - 방충망은 30메시 이상이어야 파리·모기 등 해충 유입의 차단이 가능함

  > **오답피하기**
  > - 환기창은 소형의 여러 개보다 대형의 1개가 효과적이다.(×)
  > - 주방 내의 천장은 낮을수록 좋다.(×)

  ④ 작업 조도 기준(Lux)

발효	50
계량·반죽·조리·성형	200
굽기	100
포장·장식	500

제빵기능사

주재료

밀가루

구분	강력분	중력분	박력분	듀럼밀
단백질 함량	11~14%	9~11%	7~9%	11~12%
용도	제빵	우동, 면	제과	스파게티, 마카로니
밀의 종류	경질맥	연질맥	연질맥	듀럼분

물

경수	• 180ppm 이상, 센물, 광천수, 바닷물, 온천수 • 탄력 강화, 긴 발효시간, 질긴 반죽
연수	• 60ppm 이하, 단물, 빗물, 증류수 • 글루텐 약화, 끈적임, 빠른 발효속도
아경수	• 120~180ppm, 빵에 가장 적합 • 글루텐 경화, 이스트 영양 제공

경수와 연수 사용 시 조치사항
- 경수 : 이스트 ↑, 소금·이스트 푸드 ↓, 발효시간 ↑, 물 ↑, 맥아 첨가
- 연수 : 이스트 ↓, 소금·이스트 푸드 ↑, 발효시간 ↓

오답피하기
- 제빵 시 경수를 사용할 때 조치사항으로 급수량을 감소시킨다.(×)
- 제빵 시 경수를 사용할 때 이스트 사용량을 감소시킨다.(×)
- 빵 제조 시 연수를 사용할 경우 이스트 푸드양을 감소시킨다.(×)

이스트
① 당을 발효하여 탄산가스, 알코올, 산, 열을 생성함
② 최적온도 28~35℃, 사멸온도 60~63℃

기출 맛보기

굽기 중 전분의 호화 개시 온도와 이스트의 사멸 온도로 가장 적당한 것은?
① 20℃   ② 30℃
③ 40℃   ④ 60℃

정답 ④ 빵 속 온도가 54℃가 넘으면 전분의 호화가 시작되고, 이스트는 60~63℃ 정도에서 사멸한다.

부재료

소금	풍미 향상, 잡균의 번식 억제, 발효속도 조절
설탕	이스트의 영양분(발효원), 맛과 색 및 껍질색 향상
유지	부피 증가, 저장성 증가, 반죽의 유동성 향상, 수분 보유력 증가, 속결이 개선됨
우유 및 분유	밀가루 흡수율 증가, 영양 강화, 풍미 개선

배합표 작성

베이커스 퍼센트
① Baker's %(Baker's percent)
② 밀가루의 양을 100%로 보고 그 외의 재료들이 차지하는 비율을 %로 나타낸 것

트루 퍼센트
① True %(True percent)
② 전재료의 양을 100%로 보고 각 재료가 차지하는 양을 %로 나타낸 것

- **제빵 기본 제조 공정순서**

  제빵법 결정 → 배합표 작성 → 재료계량 → 재료전처리 → 반죽(믹싱) → 1차 발효 → 성형(분할 → 둥글리기 → 중간발효 → 정형) → 팬닝 → 2차 발효 → 굽기 → 냉각 → 포장

반죽(MIXING)

- **반죽의 목적**
  ① 재료를 균일하게 혼합
  ② 밀가루에 물을 충분히 흡수시켜 글루텐 결합
  ③ 글루텐을 발전시켜 반죽의 탄력성과 점성을 최적의 상태로 만듦
  ④ 반죽에 공기 혼입 → 이스트가 발효되어 활성

  > 믹서의 종류
  > 버티컬믹서, 스파이럴믹서, 에어믹서, 호리즌탈믹서

- **믹싱단계**

  픽업 - 클린업 - 발전 - 최종 - 렛다운 - 브레이크 다운(파괴)

- **제품별 반죽 완성시점**

클린업 단계	• 스펀지반죽(스펀지도우법) • 장시간 발효하는 빵의 반죽
발전 단계	• 데니시 페이스트리, 프랑스빵(바게트) • 공정이 많은 빵의 반죽
최종 단계	식빵, 단과자빵
렛다운 단계	잉글리시 머핀, 햄버거 빵

- **반죽 온도**
  ① 스트레이트법 : 27℃
  ② 페이스트리 : 18~22℃(통상 20℃)
  ③ 비상 반죽 : 30℃
  ④ 반죽 온도에 가장 많은 영향을 주는 재료 : 물과 밀가루

> **오답피하기**
> • 반죽 온도가 정상보다 낮으면 큰 기포가 형성된다.(×)
> • 반죽 온도가 정상보다 낮으면 기공이 조밀하다.(○)
> • 반죽 온도가 정상보다 높으면 부피가 작다.(×)

- **스트레이트법 반죽 온도 계산**

마찰계수	(결과온도 × 3) - (실내온도 + 밀가루온도 + 수돗물온도)
사용할 물온도	(희망온도 × 3) - (실내온도 + 밀가루온도 + 마찰계수)
얼음 사용량	물 사용량 × (수돗물온도 - 사용할 물온도) / (80 + 수돗물온도)

- **반죽에 영향을 주는 요인**

밀가루 단백질	• 단백질이 1% 증가하면 수분 흡수율은 1.5~2% 증가함 • 고급분일수록 흡수율 증가(강력분 > 박력분)
설탕	설탕이 5% 증가하면 수분 흡수율은 1% 감소함
손상전분	손상전분이 1% 증가하면 수분 흡수율은 2% 증가함
탈지분유	탈지분유가 1% 증가하면 수분 흡수율은 0.75~1% 증가함
소금	• 픽업 단계에 넣으면 수분 흡수율은 8% 감소함 • 클린업 단계 이후 넣으면 수분 흡수량이 많아짐
물의 종류	• 연수 : 수분 흡수율이 낮음 • 경수 : 수분 흡수율이 높음
반죽 온도	• 반죽 온도가 높으면 수분 흡수율이 낮아지고, 낮으면 흡수율이 높아짐 • 온도 5℃가 변동되면 수분 흡수율은 3% 정도 반비례로 변동됨

  > **아드미법(ADMI법)**
  > • 탈지분유를 사용하는 액종법으로, 이스트, 설탕, 소금, 이스트 푸드, 맥아, 물, 그리고 탈지분유를 섞어 액종을 만들어 사용하는 제빵 방식
  > • 아드미(ADMI) = 미국 분유협회

> **기출 맛보기**
>
> 제빵용 밀가루의 적정 손상전분의 함량은?
> ① 1.5 ~ 3%   ② 4.5 ~ 8%
> ③ 11.5 ~ 15%   ④ 16 ~ 18%
>
> **정답** ②   제빵용 밀가루의 손상전분 함량은 4.5 ~ 8%이다.

> **기출 맛보기**
>
> 스펀지 반죽법에서 스펀지 반죽의 재료가 아닌 것은?
> ① 물   ② 이스트
> ③ 설탕   ④ 밀가루
>
> **정답** ③   설탕은 도우 반죽(본 반죽)에 들어간다.

반죽법

- **스트레이트법(직접법)**
  ① 모든 재료를 한 번에 투입하여 반죽하는 방법
  ② 혼합시간 : 15 ~ 25분 정도, 반죽 온도 : 24 ~ 28℃
  ③ 스트레이트법의 장단점

장점	단점
• 발효손실이 적음 • 노동력 및 시간 감소 • 제조공정 단순 및 설비절감 • 장비 절약 가능	• 공정의 수정이 어려움 • 노화가 빠르게 진행

- **스펀지 도우법(중종법)**
  ① 반죽을 스펀지 반죽(스펀지)과 본 반죽(도우)으로 나누어 두 번 반죽하는 방법
  ② 스펀지 재료(강력분, 이스트, 물)를 픽업단계까지 믹싱
  ③ 스펀지 반죽 온도 : 24℃, 본 반죽 온도 : 27℃
    → 최종믹싱 온도 : 27℃
  ④ 발효시간 : 3 ~ 5시간
  ⑤ 스펀지 밀가루의 사용범위 : 55 ~ 100%
  ⑥ 스펀지 도우법의 장단점

장점	단점
• 부피가 크고 속결이 부드러움 • 노화의 진행이 느림 • 공정실수를 수정 가능 • 발효 내구성이 좋음	• 발효손실 증가 • 노동력과 시간 증가 • 시설비 증가

- **비상 스트레이트법**
  ① 기계고장이나 주문누락, 작업계획에 차질이 생겼을 때 사용하는 방법
  ② 반죽 온도를 높이고 발효속도를 빠르게 하여 짧은 시간 내에 제품을 만들어내는 공정
  ③ 필수조치사항
    • 반죽시간 20 ~ 25% 증가
    • 이스트 2배 사용
    • 설탕 1% 감소
    • 1차 발효시간 15 ~ 30분
    • 반죽 온도 30℃
    • 물 1% 증가
  ④ 비상 스트레이트법의 장단점

장점	단점
• 제조시간이 빠름 • 노동력 감소 • 비상시 빠른 대처 가능	• 이스트 냄새가 남 • 부피가 고르지 못함 • 노화가 빠름

> **비상 스트레이트법(비상 반죽법)**
> 스트레이트법의 공정 중 혼합시간을 늘리고 발효를 촉진시켜 전체 공정 시간을 단축함으로써 짧은 시간에 제품을 만들어 내는 방법

> **기출 맛보기**
>
> 비상 스트레이트법 반죽의 가장 적합한 온도는?
> ① 15℃   ② 20℃
> ③ 30℃   ④ 40℃
>
> **정답** ③   비상 스트레이트법은 온도를 높여 발효를 촉진시키기 위해 표준온도인 27℃보다 높은 30 ~ 31℃ 정도를 반죽 온도로 한다.

1차 발효

1차 발효의 목적 및 영향요인

① 1차 발효의 목적 : 반죽의 팽창 / 반죽의 숙성 / 빵의 풍미 생성
② 1차 발효의 온도와 습도 : 27℃, 75~80%
③ 발효에 영향을 주는 요인
- 이스트의 양이 많을수록, 신선할수록 발효시간은 짧아짐

$$이스트\ 조절양 = \frac{기존\ 이스트\ 양 \times 기존\ 발효시간}{변경할\ 발효시간}$$

- 당의 양이 증가하면 발효시간이 짧아지지만, 5% 이상 되면 가스발생력이 약해져 발효시간이 길어짐
- 반죽 온도가 0.5℃ 상승하면 발효시간은 15분 단축됨

펀치(가스빼기, Punch)

① 1차 발효에서 반죽의 부피가 2.5~3배 이상 되었을 때 반죽을 눌러 가스를 제거하는 작업
② 펀치를 하는 목적
- 반죽의 산소 공급
- 반죽 온도 균일화
- 이스트의 활성화와 산화, 숙성을 촉진
- 발효를 촉진하여 발효시간을 단축하고, 발효속도를 일정하게 함

> **기출 맛보기**
> 1차 발효 중에 펀치를 하는 이유는?
> ① 탄산가스 축적을 증가시키기 위해
> ② 효소를 불활성화시키기 위해
> ③ 반죽의 온도를 높이기 위해
> ④ 이스트를 활성화시키기 위해
>
> **정답** ④ 펀치를 하는 이유 : 반죽 온도를 균일하게 함, 이스트 활동에 활력 제공, 산소를 공급하여 산화와 숙성을 시킴

발효손실

① 발효를 하는 도중 수분 증발 및 효소에 의한 탄수화물 분해과정에서 알코올과 탄산가스 발생으로 반죽 중량이 줄어드는 현상
② 일반적인 발효손실 : 1~2%
③ 발효손실에 관계되는 요인

구분	큼	작음
반죽 온도	높을수록	낮을수록
발효시간	길수록	짧을수록
배합률	저배합	고배합
발효실 온도	높을수록	낮을수록
발효실 습도	낮을수록	높을수록

> **기출 맛보기**
> 발효손실에 관한 설명으로 틀린 것은?
> ① 반죽 온도가 높으면 발효손실이 크다.
> ② 발효시간이 길면 발효손실이 크다.
> ③ 고배합률일수록 발효손실이 크다.
> ④ 발효습도가 낮으면 발효손실이 크다.
>
> **정답** ③ 고배합률일수록 발효손실이 작다.

성형

성형과 정형

성형	분할 → 둥글리기 → 중간 발효 → 정형 → 팬닝
정형	밀기 → 말기 → 봉하기

둥글리기

① 라운더 : 기계로 하는 둥글리기(부피로 측정)
② 둥글리기의 목적
- 반죽의 기공을 고르게 함
- 반죽 표면의 얇은 막을 형성하여 끈적거림을 제거함
- 글루텐 구조와 방향을 정돈
- 반죽의 성형하기에 적당한 상태로 만듦
- 가스 포집을 돕고 가스를 보유할 수 있는 구조를 만듦

기출 맛보기

둥글리기의 목적이 아닌 것은?
① 글루텐의 구조와 방향 정돈
② 수분 흡수력 증가
③ 반죽의 기공을 고르게 유지
④ 반죽 표면에 얇은 막 형성

정답 ② 둥글리기와 수분 흡수력 증가는 관련이 없다.

도우 컨디셔너
자동제어장치에 의해 반죽을 급속냉동, 냉장, 완만한 해동, 2차 발효 등을 할 수 있는 다기능 제빵기계

■ **중간 발효**
① 작업실 온도 27 ~ 29℃, 상대습도 75%
② 반죽의 수분 증발 방지 : 비닐, 젖은 헝겊으로 덮거나 도우박스에 넣어둠

■ **팬닝**
① 팬닝 시 주의사항
- 반죽 이음매가 바닥에 놓이도록 함
- 팬의 적정 온도 : 32℃

> 발효와 성형을 거치는 동안 상승한 반죽 온도보다 팬의 온도가 낮으면 반죽의 온도가 낮아져서 2차 발효 시간이 길어지기 때문

오답피하기
- 팬닝 시 팬기름을 많이 바른다.(×)
- 젤리 롤 케이크 팬닝 시 팬 종이는 팬 높이보다 2cm 정도 높게 한다.(×)

② 팬기름(이형유)
- 종류 : 유동파라핀, 정제라드(쇼트닝), 면실유, 대두유, 혼합유
- 과다사용 시 빵의 밑부분이 색이 진하고 두꺼운 껍질을 형성함

- 빵 제조 공정에서는 반죽이 기계나 팬에 달라붙지 않도록 윤활·방지제를 사용함
- 식용유, 쇼트닝, 유동파라핀(식용 불가)이 대표적
- 유동파라핀 : 식품에 남지 않도록 주의하며, 비가식성 사용 목적이 명확해야 함
- 카제인, 대두인지질 등 : 기능성 첨가물로, 유화·영양 강화 등 주용도가 다름

2차 발효

■ **2차 발효의 목적**
① 성형공정을 거치면서 가스가 빠진 반죽을 다시 부풀림
② 이스트와 효소의 재활성화로 알코올 및 유기산을 생성함
③ 바람직한 외형과 식감을 얻을 수 있음

■ **2차 발효의 온도와 상대습도**
① 일반적인 조건 : 38℃ 전후, 85 ~ 90%
② 식빵, 단과자빵류 : 38 ~ 40℃

■ **2차 발효 종점 판별법**
형태, 투명도, 기포의 크기, 촉감 등 반죽의 상태로 판단

■ **발효시간**
발효시간이 짧아질수록 기공이 더 조밀해짐

- 파이널 프루프 : 최종발효
- 인터메디에이트 프루프 : 중간 발효
- 오버헤드 : 컴퓨터 작업에서 시스템 지원을 위해 대기하는 시간

기출 맛보기

일반적인 빵류 제품 제조 시 2차 발효실의 가장 적합한 온도는?
① 25 ~ 30℃ ② 30 ~ 35℃
③ 35 ~ 40℃ ④ 45 ~ 50℃

정답 ③ 2차 발효에서 사용하는 온도는 33 ~ 54℃, 일반적으로 사용하는 적합 온도는 35 ~ 40℃이다.

굽기 및 튀기기

■ 온도·시간에 따른 굽기 변화

고온 단시간 (언더 베이킹)	• 수분이 빠지지 않아 껍질이 쭈글쭈글함 • 속이 익지 않아 주저앉기 쉬움 • 반죽량이 적거나 저율배합, 발효가 과한 제품에 적합
저온 장시간 (오버 베이킹)	• 수분손실이 커 노화가 빨리 진행됨 • 윗면이 평평하고 제품이 부드러움 • 반죽량이 많거나 고율배합, 발효가 부족한 제품에 적합

오버 베이킹이란 소정의 시간보다 오래 굽는 상태로, 오븐 온도가 낮으면 익히는 시간이 길어져 오버 베이킹이 되기 쉬움

📖 기출 맛보기
언더 베이킹(Under Baking)에 대한 설명 중 틀린 것은?
① 제품의 중앙 부분이 터지기 쉽다.
② 제품의 윗부분이 평평하다.
③ 제품의 윗부분이 올라간다.
④ 제품의 속이 익지 않을 경우도 있다.

정답 ② 언더 베이킹은 높은 온도에서 짧게 굽기를 하기 때문에 윗면이 올라간다.

■ 굽기손실

① 굽기손실에 영향을 주는 요인
  • 굽기 온도·시간, 제품 크기·모양 등
  • 믹싱 시간이나 배합율은 상대적으로 영향이 적음
② 제품별 굽기손실률
  • 일반식빵류 : 11 ~ 13%
  • 하스브레드(바게트) : 20 ~ 25%
  • 풀먼식빵 : 7 ~ 9%
  • 단과자빵 : 10 ~ 11%

📖 기출 맛보기
굽기손실이 가장 큰 제품은?
① 바게트   ② 버터롤
③ 단팥빵   ④ 식빵

정답 ① 바게트의 굽기손실률은 20 ~ 25%로 가장 크다.

■ 튀기기
① 빵도넛의 적합한 튀김온도 : 180 ~ 195℃
② 온도가 낮으면 껍질이 거칠어지고 과다하게 부풀며 기름 흡유량이 많아짐
③ 온도가 높으면 속이 익지 않고 껍질 색이 진하게 됨

냉각

■ 냉각 방법

자연냉각	• 바람이 없는 실내의 실온에서 3 ~ 4시간 냉각 • 수분손실이 적어 가장 적합한 냉각방법
터널식냉각	• 공기 배출기를 이용한 방법으로 2 ~ 2.5시간 냉각 • 수분손실이 큼

■ 냉각의 적정 조건
① 냉각의 적정 온도 35 ~ 40℃, 수분함량 38%
② 냉각실의 이상적인 습도 75 ~ 85%

📋 빵의 노화

■ **노화의 의미**
구워진 직후부터 수분이 증발되면서 제품의 맛과 향이 손실되고 겉면이 마르며 딱딱해지기 시작하는 현상

■ **껍질의 노화**
빵 속 수분이 표면으로 이동하고 공기 중의 수분이 껍질에 흡수되어 껍질이 눅눅해지고 질겨지는 현상

■ **빵 속의 노화**
① 빵 속의 수분이 표피로 이동하면서 빵 속이 건해지고 탄력성과 향미를 잃게 됨
② 노화의 원인
  • 전체적인 수분의 증발 및 빵 속 수분의 표피 이동
  • 수분과 관계없이 빵의 α-전분이 β-전분으로 됨

> 📖 **기출 맛보기**
> 다음 중 빵의 노화가 가장 빨리 발생하는 온도는?
> ① -18℃ ② 0℃
> ③ 20℃ ④ 35℃
>
> 정답 ② 노화가 가장 빨리 일어나는 온도는 냉장온도(0 ~ 10℃) 이다.

■ **노화지연방법**
① -18℃ 이하에서 냉동 보관
② 모노-디-글리세라이드 계통의 유화제 사용
③ 방습 포장재료로 포장
④ 물의 사용량을 높여 반죽의 수분함량을 증가시킴
⑤ 질 좋은 재료를 사용하고 제조공정을 정확히 지킴

> 📖 **기출 맛보기**
> 포장 전 빵의 온도가 너무 낮을 때 나타나는 현상은?
> ① 포장지에 수분이 응축된다.
> ② 썰기(Slice)가 나쁘다.
> ③ 곰팡이, 박테리아의 번식이 용이하다.
> ④ 노화가 빨라진다.
>
> 정답 ④ 포장 전 빵의 온도는 35 ~ 40℃가 이상적이지만, 너무 낮으면 제품의 수분손실이 많아 노화가 빨라지고 껍질이 건조하게 된다.

제과기능사

제과에 사용하는 기계

■ 믹서(반죽기)

믹서에 사용하는 기구		종류	
믹싱볼	반죽 재료를 담아 반죽을 할 때 사용	수직형 믹서	• 버티컬 믹서 • 소규모 제과점에서 주로 사용
휘퍼	공기를 넣어 부피를 형성할 때 사용	에어 믹서	• 제과 전용 믹서 • 공기를 넣어 믹싱하여 일정한 기포를 형성
비터	유연한 반죽을 만들 때 사용		

■ 오븐

① 오븐 내 매입되는 철판 수에 따라 생산 능력을 계산하고, 최종 제품은 200℃ 전후 온도로 굽기를 함
② 종류

데크 오븐	• 소규모 제과점에서 주로 사용 • 반죽을 넣는 입구와 구워진 제품을 꺼내는 출구가 같음
컨벡션 오븐	대류식 오븐이라고도 하며, 팬을 이용하여 바람으로 굽는 오븐
터널 오븐	• 반죽을 넣는 입구와 구워진 제품을 꺼내는 출구가 서로 다름 • 단일 품목을 생산하는 공장에서 많이 사용

■ 파이 롤러

① 반죽을 밀어 펼 때 사용하는 기계
② 페이스트리나 파이를 만들 때 많이 사용
③ 사용 시 냉장고 옆에 위치하는 것이 좋음
④ 파이 롤러를 사용하는 제품 : 파이, 페이스트리, 스위트롤, 크루아상 등

> **오답피하기**
> 소프트 롤은 파이 롤러를 사용한다.(×)

■ 데지포터

짤주머니처럼 짜는 기계로 쿠키를 만드는 데 사용

제과에 사용하는 도구

작업대	주방의 중앙부에 위치하도록 배치 → 여러 방향으로의 동선이 짧아져 작업이 효율적이고 편리함
저울	용기를 올려 영점을 맞추고 사용해야 정확하고 신속하게 무게를 측정할 수 있음
온도계	반죽 온도를 정확하게 측정하기 위해 사용
휘퍼(거품기)	달걀을 풀거나 재료를 섞을 때 사용
스패튤라	케이크 아이싱을 하거나 반죽을 담을 때 사용
고무주걱	• 버터를 풀고 설탕을 넣고 섞을 때 사용 • 가루를 자르듯 섞을 때 사용
스쿱	가루 재료를 퍼내어 계량할 때 사용
베이킹팬	반죽을 성형하고 굽기 위해 사용되며, 이 과정에서 팬에 넣는 작업을 팬닝이라고 함
붓	달걀물이나 이형제를 바르거나 덧가루를 털어 낼 때 사용
돌림판	케이크를 만들 때 시트를 올려 놓고 아이싱을 하기 위해 사용
디핑포크	초콜릿을 만들 때 사용
짤주머니	반죽이나 크림을 짤 때 사용

모양깍지	케이크나 쿠키를 만들 때 여러 가지 모양을 만들기 위해 사용
스크래퍼	반죽을 자르고 모을 때 사용
체	• 가루를 체로 쳐서 이물질을 제거하고 공기를 넣어 잘 섞이도록 함 • 물에서 건지거나 가루를 뿌리는 용도로도 사용

- 알뜰주걱 : 크림법을 할 때 주로 사용
- 실리콘 주걱 : 중탕할 때나 냄비에 설탕을 녹일 때 사용

재료준비 및 계량

■ 배합표 작성

① 배합표 : 레시피라고도 하며, 빵과 과자를 만드는 데 필요한 재료, 재료의 비율과 무게 등을 숫자로 정확하게 표로 나타내는 것
② 베이커스 퍼센트(Baker's %) : 밀가루의 양을 100%로 보고 그 외의 재료들이 차지하는 비율을 %로 나타낸 것
③ 트루 퍼센트(True %) : 재료 전체의 양을 100%로 잡고 각 재료가 차지하는 양을 %로 나타낸 것

■ 고율배합과 저율배합

구분	고율배합	저율배합
반죽의 비중	낮음	높음
믹싱 중 공기 포집	공기가 많음	공기가 적음
밀가루와 설탕의 양	밀가루 ≦ 설탕	밀가루 ≧ 설탕
밀가루와 전체 액체의 양	밀가루 < 전체 액체(달걀, 우유)	밀가루 ≧ 전체 액체(달걀, 우유)
달걀과 쇼트닝의 양	달걀 ≧ 쇼트닝	달걀 ≦ 쇼트닝
화학팽창제 사용량	적음	많음
굽기	낮게 오래 굽기 (오버 베이킹)	높게 짧게 굽기 (언더 베이킹)

> 고율배합과 저율배합은 반죽형 반죽에만 해당하는 개념

오답피하기
- 고율배합 반죽은 비중이 높다.(×)
- 고율배합 반죽은 화학팽창제를 많이 쓴다.(×)

■ 배합표 계산법(Baker's %)

① 각 재료의 무게(g)

> 밀가루 무게(g) × 각 재료의 비율(%)

② 밀가루 무게(g)

> 밀가루 비율(%) × 총 재료의 무게(g)/총 배합률(%)

③ 총 반죽의 무게(g)

> 총 배합률(%) × 밀가루 무게(g)/밀가루 비율(%)

재료 전처리 준비와 재료 계량방법

■ 재료 전처리 준비

가루재료	고운 체를 이용하여 바닥 면과 적당한 거리를 두고 쳐서 사용
유지	반죽 속에 넣을 경우 적절한 유연성을 가지도록 준비하여 사용
물	• 반죽 온도에 따라 물의 온도를 조절 • 밀가루 단백질의 양에 따라 차이가 있으므로 반죽 온도와 흡수율을 고려하여 양을 조절하여 사용
우유	• 원유 사용 시 : 가열 살균 후 차갑게 사용 • 시유 사용 시 : 데워서 사용
부재료	• 과일 : 과일의 시럽은 짜서 버리고 넣으며, 투입하기 전에 소량의 밀가루로 전처리 후 섞음 • 건과일 : 식감 개선과 풍미 향상, 반죽과 건조과일 간의 수분의 이동 방지를 목적으로 약간의 밀가루를 묻혀둠 • 견과류 : 제품의 용도에 따라 굽거나 볶아서 사용

> **기출 맛보기**
>
> 건포도 식빵을 만들 때 건포도를 전처리하는 목적이 아닌 것은?
> ① 수분을 제거하여 건포도의 보존성을 높인다.
> ② 씹는 촉감을 개선한다.
> ③ 제품 내에서의 수분 이동을 억제한다.
> ④ 건포도의 풍미를 되살린다.
>
> 정답 ① 건포도를 전처리하는 목적 : 수분 이동 억제, 풍미 회복, 촉감 개선, 반죽과의 결합성 향상 등

■ 재료 계량방법
① 배합표에 따라 빠른 시간 안에 재료 손실이 없도록 정확하고 깨끗하게 계량함
② 계량 시 가루재료와 덩어리진 재료는 저울을 이용하여 무게를 측정하고, 액체재료는 계량컵을 이용하여 부피를 측정함

반죽 및 반죽 관리

■ 반죽형 반죽의 의의
① 유지의 함량이 많고, 일반적으로 밀가루가 달걀보다 많아 반죽 비중이 높고 식감이 무거움
② 밀가루, 달걀, 고체유지, 설탕, 소금을 구성 재료로 하여 화학팽창제를 사용하고 부피를 형성하는 반죽
③ 대표적 제품 : 파운드 케이크, 과일 케이크, 머핀, 마들렌과 각종 레이어 케이크
④ 제조 방법 : 크림법, 블렌딩법, 복합법, 설탕물법, 1단계법 등

■ 반죽형 반죽의 방법
① 크림법(Cream Method)
 • 가장 기본적이고 안정적인 제법
 • 부피를 우선으로 하는 제품에 적합
 • 쿠키, 파운드 케이크 등

② 블렌딩법(Blending Method)
 • 조직이 부드럽고 유연한 제품을 만들거나 파이 껍질을 제조할 때 사용
 • 데블스 푸드 케이크, 마블 파운드 등
③ 복합법(Combined Method)
 • 부피와 식감이 부드러움
 • 치즈케이크, 과일 케이크 등
④ 설탕물법(Sugar/Water Method)
 • 설탕과 물을 2 : 1의 비율로 배합하여 만든 시럽을 사용하는 방법
 • 계량이 편리하고 질 좋은 제품 생산 가능
 • 장점 : 액당으로 사용되기 때문에 제조 공정의 단축, 운반의 편리성, 포장비 절감의 효과가 있음
 • 액당 저장 공간과 계량 장치, 이송파이프 등의 시설비가 높아 대량 생산 공장에서만 이용 가능
 • 균일한 기공과 조직의 내상이 필요한 제품에 적당하고 베이킹파우더 양을 10% 절약 가능
⑤ 1단계법(단단계법, Single Stage Method)
 • 모든 재료를 한 번에 투입한 후 믹싱하는 방법으로 베이킹파우더와 유화제가 필요
 • 노동력과 시간 절약 가능
 • 기계 성능이 좋은 경우에 많이 이용
 • 마들렌, 피낭시에 등 구움과자 반죽 제조법

> **오답피하기**
> • 반죽형 케이크는 일반적으로 가벼운 질감을 가진다.(×)
> • 유지와 밀가루를 먼저 넣고 반죽하는 제조방법은 블렌딩법이다.(O)
> • 유지와 설탕을 먼저 믹싱하는 것은 크림법이다.(O)

■ 반죽의 결과 온도
① 반죽 온도의 영향

과자 반죽의 온도가 높은 경우	기공이 열리고 큰 구멍이 생겨 조직이 거칠고 노화가 빨라짐
과자 반죽의 온도가 낮은 경우	• 기공이 조밀해서 부피가 작아지고 식감이 나빠짐 • 증기압에 의한 팽창작용으로 표면이 터지고 갈라져 거칠어짐

② 마찰계수

> (결과온도 × 6) - (실내온도 + 밀가루온도 + 설탕온도 + 유지온도 + 달걀온도 + 물온도)

> **마찰계수(Friction Factor)**
> 반죽을 제조할 때 반죽기의 휘퍼나 비터가 회전하면서 두 표면 사이에서 반죽에 의해 생기는 마찰 정도

③ 물온도

> (희망온도 × 6) - (실내온도 + 밀가루온도 + 설탕온도 + 유지온도 + 달걀온도 + 마찰계수)

④ 얼음 사용량

$$\frac{물\ 사용량 \times (수돗물온도 - 사용수온도)}{80 + 수돗물온도}$$

■ **반죽의 비중(Specific Gravity)**

① 반죽 속에 들어가는 공기의 함량

> **비중 측정**
> 공기가 얼마나 들어가 있으며, 얼마나 부풀 것인지를 측정하는 것

② 비중의 영향

높은 비중	공기 함량이 적어 부피가 작고, 기공은 조밀하며 단단해지고 무거운 제품이 됨 예) 파운드 케이크는 비중이 평균 0.8로 숫자가 높으므로 높은 비중이며, 무거움
낮은 비중	공기 함량이 많아 부피가 크고, 기공은 크고 거칠며 가벼운 제품이 됨 예) 스펀지 케이크는 비중이 평균 0.45로 숫자가 낮으므로 낮은 비중이며, 가벼움

> **오답피하기**
> • 비중이 높은 제품은 껍질 색이 진하다.(×)
> • 비중이 낮은 제품은 기공이 조밀하고, 제품이 단단하다.(×)
> • 반죽의 비중은 제품의 점도와 관련이 있다.(×)

③ 비중 구하는 공식

$$\frac{같은\ 부피의\ 반죽\ 무게}{같은\ 부피의\ 물\ 무게} = \frac{반죽\ 무게}{물\ 무게}$$

④ 제품별 비중

레이어 케이크	0.8 ~ 0.9(0.85 전후)
파운드 케이크	0.7 ~ 0.8(0.75 전후)
스펀지 케이크	0.45 ~ 0.55
롤 케이크	0.4 ~ 0.45

> **제품의 적정 비중**
> • 반죽형 케이크 : 0.8 ± 0.05의 값
> • 거품형 케이크 : 0.5 ± 0.05의 값

■ **거품형 반죽의 방법**

① 공립법 : 전란에 설탕을 넣어 믹싱하는 방법

찬 믹싱	• 일반적인 믹싱방법으로 중탕하지 않고 달걀과 설탕을 거품내어 사용 • 반죽 온도 : 22 ~ 24℃ • 저율배합에 적합
더운 믹싱	• 가온법이라고도 하며, 달걀과 설탕을 넣고 중탕하여 43℃까지 데운 후 거품을 내는 방법 • 주로 고율배합에 사용 • 기포성이 양호하고 설탕의 용해도가 좋아 껍질 색이 균일함

② 별립법
  • 흰자와 노른자를 분리하여 설탕을 넣고 각각 거품을 내는 방법
  • 저율배합에 적합
  • 공립법에 비해 제품의 부피가 크고 부드러움
③ 거품형 반죽의 필수재료 : 밀가루, 설탕, 달걀, 소금

> **오답피하기**
> • 소프트 롤 케이크는 반죽형 케이크이다.(×)

■ **시폰형 반죽의 방법**

① 흰자와 노른자를 분리한 뒤, 흰자에 설탕을 넣고 믹싱하여 머랭을 만들고, 노른자는 거품을 내지 않은 상태로 두 가지를 혼합하여 제조하는 방법
② 반죽형의 부드러움과 거품형의 가벼운 식감을 가짐

- 머랭(Meringue)
  ① 달걀 흰자에 설탕을 넣고 거품을 낸 것으로, 크림용으로 광범위하게 사용
  ② 흰자의 기포성을 증가하기 위해 주석산 크림을 넣어 사용
  ③ 제법에 따른 머랭의 종류

프렌치 머랭	냉제 머랭, 가장 기본이 되는 머랭
이탈리안 머랭	• 거품을 낸 달걀 흰자에 115 ~ 118°C에서 끓인 설탕시럽을 조금씩 넣어주면서 거품을 냄 • 주로 크림이나 무스, 케이크 데코레이션용으로 사용
스위스 머랭	• 달걀 흰자와 설탕을 잘 혼합한 후에 43 ~ 49°C에서 중탕하여 설탕이 녹으면 팽팽하게 거품을 만들어줌 • 각종 장식모양을 만들 때 사용

- 충전물 반죽
  ① 충전물 : 타르트, 파이, 슈 등에 내용물을 채우는 것으로 일반적으로 필링(Filling)이라고 함
  ② 충전물의 형태 : 성형할 때 넣어서 굽거나 구운 후 충전함
  ③ 충전물 종류

크림 충전물	• 우유나 생크림을 주재료로 이용하여 달걀, 설탕, 버터 등의 재료를 더한 것 • 종류 : 커스터드 크림, 버터 크림, 가나슈 크림, 아몬드 크림 등
과일 충전물	• 과일에 설탕을 넣고 조려 만든 것 • 타르트나 파이, 페이스트리 등에 충전물로 많이 사용됨

- 분할 팬닝 방법
  ① 분할 : 제품의 형태를 고려하여 반죽의 짜기, 찍기, 접어 밀기, 절단, 팬닝, 냉각 등을 하는 것
  ② 반죽분할량 구하는 공식 = 틀용적 ÷ 비용적

> **비용적**
> • 비용적 : 반죽 1g이 차지하는 부피(단위 : cm^3/g)
> • 비용적이 클수록 가벼운 제품(팬닝 양 적게)
> • 비용적이 작을수록 무거운 제품(팬닝 양 많게)

- 팬 관리
  ① 제품 팬닝 시 사용하는 팬(틀)은 팬 오일(이형유)을 바른 후 사용
  ② 이형유는 제품이 팬에 들러 붙지 않고 구운 후에 팬에서 잘 떨어지도록 함
  ③ 팬 오일의 종류 : 정제 라드(쇼트닝), 유동파라핀(백색광유), 식물유(면실유, 대두유, 땅콩기름), 혼합유 등
  ④ 팬 오일의 조건
  • 발연점(210°C 이상)이 높아야 함
  • 고온이나 장시간의 산패에 잘 견디며 안정성이 있어야 함(항산화성)
  • 무색, 무미, 무취로 제품의 맛에 영향을 주지 않아야 함
  • 바르기 쉽고 골고루 잘 발라져야 함
  ⑤ 팬 오일 사용량 : 반죽 무게의 0.1 ~ 0.2%

> **기출 맛보기**
> 팬 오일의 구비 조건이 아닌 것은?
> ① 높은 발연점
> ② 무색, 무미, 무취
> ③ 가소성
> ④ 항산화성
>
> 정답 ③ 가소성은 팬 오일의 구비 조건에 해당하지 않는다.

성형

■ 제품별 성형 방법 및 특징

① 쿠키류 성형
- 반죽형 쿠키

드롭 쿠키 (Drop Cookie)	• 액체 재료(달걀 등) 함량 ↑ → 수분 함량 높음 • 반죽을 짜서 성형 → 소프트 쿠키라고도 함 • 저장 중 건조가 빨라 잘 부서짐
스냅 쿠키 (Snap Cookie)	• 달걀 함량 ↓ → 수분 함량 낮음 • 반죽을 밀어 펴서 원하는 모양으로 찍어 성형
쇼트 브레드 쿠키 (Short bread Cookie)	• 버터·쇼트닝 등 유지 함량 ↑ • 반죽을 밀어 펴서 정형기에 원하는 모양을 찍어 성형 • 유지 사용량이 많아 바삭하고 부드러운 식감

- 거품형 쿠키

머랭 쿠키 (Meringue Cookie)	• 달걀 흰자 + 설탕이 주재료 • 페이스트리 백에 넣어 짜서 성형 • 낮은 온도에서 건조시켜 구움 → 색을 많이 내지 않음
스펀지 쿠키 (Sponge Cookie)	• 스펀지 케이크와 유사한 배합률, 밀가루 함량 ↑ → 분할 시 팬에서 모양이 유지되도록 구워냄 • 짜는 형태의 쿠키로 분할 후 상온에서 건조하여 구우면 모양 형성이 잘 됨

> **오답피하기**
> • 드롭 쿠키는 상대적으로 수분이 적어서 밀어 펴는 형태로 만든다.(×)
> • 반죽형 반죽 중에서 수분이 가장 많은 쿠키는 스펀지 쿠키이다.(×)

② 제조 방법에 따른 분류 : 짜내는 쿠키, 밀어 펴 찍어내는 쿠키, 냉장(냉동) 쿠키, 손으로 만드는 쿠키, 프랑스식 쿠키, 마카롱 쿠키 등

③ 쿠키의 퍼짐성
- 고운 입자의 설탕은 퍼짐성이 나쁘며 조밀하고 밀집된 기공을 만듦
- 퍼짐률이 클수록 쿠키의 크기는 증가
- 유화 쇼트닝을 넣으면 반죽을 퍼지게 함
- 반죽 중 남아있는 설탕은 굽는 동안 오븐 열에 의해 녹아 쿠키의 표면을 크게 하고, 단맛과 밀가루의 단백질을 연화시키는 역할을 함

> **퍼짐률**
> • 퍼짐률 = 직경 ÷ 두께
> • 수치가 클수록 퍼짐이 큼

> **오답피하기**
> • 퍼짐성을 좋게 하기 위해 반죽을 오래 한다.(×)
> • 퍼짐성을 좋게 하기 위해 설탕의 양을 줄인다.(×)

반죽 익히기

■ 반죽 굽기

① 부적당한 온도와 굽기

오버 베이킹 (Over Baking)	• 오븐 온도가 너무 낮은 상태에서 장시간 구우면 윗면이 평평하고 수분 손실이 크며 노화가 빨리 일어남 • 고율배합이나 다량의 반죽 등에 적합
언더 베이킹 (Under Baking)	• 오븐 온도가 너무 높은 상태에서 단시간 구운 경우 윗면이 올라오거나 갈라지고 조직이 거칠어져 설익거나 주저앉기 쉬움 • 저율배합이나 소량의 반죽 등에 적합

> **기출 맛보기**
>
> 오븐 온도가 높을 때 식빵 제품에 미치는 영향이 아닌 것은?
> ① 껍질 색이 진하다.
> ② 언더 베이킹이 되기 쉽다.
> ③ 질긴 껍질이 된다.
> ④ 부피가 작다.
>
> **정답 ②** 2차 발효실의 습도가 높거나 오븐에 스팀을 많이 분사한 경우 껍질이 질겨진다.

오답피하기
- 오버 베이킹은 수분 함량이 많다.(×)
- 오버 베이킹은 높은 온도에서 짧은 시간 굽는 것이다.(×)
- 오버 베이킹은 중앙 부분이 익지 않는 경우가 있다.(×)
- 언더 베이킹은 제품이 건조되어 바삭바삭하다.(×)
- 저율배합은 낮은 온도에서 장시간 굽는다.(×)

② 굽기 중 일어나는 색 변화
- 캐러멜화 반응(Caramelization) : 설탕의 경우 고온(160℃)에서 가열하면 여러 단계의 화학 반응을 거쳐 열에 의해 당류가 진한 갈색이 되고 향미의 변화가 일어남
- 메일라드 반응(마이야르 반응, Maillard Reaction) : 비효소적 갈변 반응으로 당류와 아미노산이 결합하여 갈색 색소인 멜라노이딘을 만드는 반응이자 대부분의 모든 식품에서 자연 발생적으로 일어남

> **기출 맛보기**
>
> 굽기 과정 중 당류의 캐러멜화가 개시되는 온도로 가장 적합한 것은?
> ① 100℃ ② 120℃
> ③ 150℃ ④ 185℃
>
> **정답 ③** 150~160℃를 넘어서면 당과 아미노산이 멜라노이딘을 만드는 마이야르 반응과 당의 캐러멜화 반응이 일어난다.

③ 굽기손실률(%)

> 오븐에 넣기 전 무게 - 오븐에서 꺼낸 직후 무게
> ÷ 오븐에 넣기 전 무게 × 100

■ 반죽 튀기기

① 튀김유가 갖춰야 할 조건
- 색이 연하고 투명하며 광택이 있는 것
- 산패취가 없고 기름의 원만한 맛을 가진 것
- 거품의 생성이나 연기가 나지 않는 것
- 저장 중 안정성 및 열 안정성이 높은 것
- 산화와 가수분해가 잘 일어나지 않는 것
- 튀김유 중의 리놀렌산은 산패취를 일으키기 쉬우므로 리놀렌산이 적은 것

튀김유의 4대 적
온도(열), 수분(물), 공기(산소), 이물질

② 튀기기 중 튀김유의 변화
- 열로 인한 가수분해적 산패와 산화적 산패가 촉진되며, 유리지방산과 이물질의 증가로 발연점이 점점 낮아짐
- 처음 튀길 때는 비교적 큰 거품이 생성되고 금방 사라지지만, 여러 번 사용할수록 작은 거품이 생성되며 쉽게 사라지지 않음

③ 튀김유의 온도 : 175~195℃(평균 180℃)

④ 튀김유 관련 현상

발연 현상	• 온도가 219℃ 이상으로 올라가면 푸른 연기가 나는 현상 • 발연점이 높은 튀김유를 사용해야 함
황화(회화) 현상	• 기름이 도넛 설탕을 녹이는 현상 • 튀김 온도가 낮아 기름 흡수가 많아졌을 때 발생
발한 현상	• 수분이 도넛 설탕을 녹이는 현상 • 튀김 온도가 높아 수분이 많이 남아 있을 때 발생

발한 현상에 대한 대책
• 도넛에 묻히는 설탕량을 증가 • 튀김 시간을 늘려 도넛의 수분 함량을 줄임 • 도넛을 40℃ 전후로 식혀 설탕을 묻힘

- **반죽 찌기**
  ① 수증기를 이용하여 식품을 가열하는 방법으로 수증기가 식품에 닿으면 액화되며 열을 방출함
  ② 주요 열 전달 방식 : 대류
  ③ 찌기의 장단점

장점	• 수용성 성분의 손실이 적어 식품 자체의 맛이 보존됨 • 온도 관리에 용이하여 물이 있는 한 탈 염려가 없고 모양도 망가지지 않음 • 수분이 적은 식품은 물을 흡수하고, 수분이 많은 식품은 물의 유출이 일어남
단점	가열 도중 조미하기가 어려움

  ④ 찜기에 찔 때 물의 양 : 물을 넣는 부분의 70~80% 정도
  ⑤ 85~90℃로 가열하며, 그릇의 재질은 금속보다 열의 전도가 적은 도기가 좋음
  ⑥ 찜류 제품 : 찜 케이크, 푸딩, 중화만두, 호빵 등

제품의 냉각 및 포장

- **냉각의 정의 및 목적**

정의	오븐에서 구워 바로 꺼낸 과자류 제품의 온도(약 100℃)를 상온에서 35~40℃ 정도로 낮추는 과정
목적	• 곰팡이 및 기타 균의 피해 방지 • 절단 및 포장을 용이하게 함

- **냉각 방법**
  ① 자연냉각 : 실온에서 3~4시간 냉각
  ② 냉각기를 이용한 냉각

냉장고	• 0~5℃의 온도를 유지 • 제과 제품의 보관에 많이 사용
냉동고	• 완만 냉동고 : -20℃ 이상으로 냉동 • 급속 냉동고 : -40℃ 이하에서 냉동
냉각 컨베이어	• 냉각실에 22~25℃의 냉각공기를 불어넣고 냉각 • 대규모 공장에서 많이 사용

- **냉각 환경**

온도	15~20℃ 사이를 유지
습도	일반적으로 80% 정도
시간	15분~1시간
장소	• 환기와 통풍이 잘되는 곳 • 병원성 미생물의 혼입이 없는 곳

- **제품의 포장**

정의	제품의 유통 과정에서 취급상의 위험과 외부환경으로부터 제품의 가치 및 상태를 보호하고 다루기 쉽도록 적합한 용기에 넣는 과정
목적	• 변질이나 변색 등의 품질 변화 방지 • 제품의 수명 연장 • 위생적으로 안전하게 보호
요건	• 제품 내용의 품질을 보호할 수 있어야 함 • 기호성이 강한 식품이므로 소비자의 구매 욕구를 일으켜야 함
방법	함기 포장(상온 포장), 진공 포장, 밀봉 포장
포장용기 선택 시 고려 조건	• 방수성이 있고 통기성이 없을 것 • 유해물질이 없고, 포장재로 인하여 내용물이 오염되지 않을 것 • 상품의 가치를 높일 것 • 유통 기간 중 노화를 방지하여 제품의 수명을 연장시킬 것 • 취급이 용이할 것 • 단가가 낮고 포장에 의해 제품이 변형되지 않을 것 • 적정 포장 온도 35~40℃, 수분 함량 38% • 식품에 접촉하는 포장은 청결할 것
제과· 제빵에서 포장재	주로 폴리에틸렌, 폴리프로필렌, 오리엔티드 폴리프로필렌, 폴리스틸렌 등의 합성수지

  오답피하기
  • 빵 포장의 목적은 수분 증발 촉진에 있다.(×)

> **기출 맛보기**
>
> 굽기 후 빵을 썰어 포장하기에 가장 좋은 온도는?
> ① 17℃ ② 47℃
> ③ 37℃ ④ 27℃
>
> 정답 ③ 포장 온도는 35 ~ 40℃, 수분 함량은 38%가 적합하다. 높은 온도에서 포장하면 형태가 변하고, 곰팡이가 발생하며 썰기가 어려운 반면, 낮은 온도에서 포장하면 껍질이 건조하여 단단해지고, 노화가 빠르게 된다.

제품의 저장 및 유통

■ 저장 방법의 종류 및 특징

① 실온 저장 관리
- 정기적으로 재료와 제품 관리
- 건조 창고 : 온도 10 ~ 20℃, 상대습도 50 ~ 60% 유지, 채광과 통풍이 잘되고, 방충·방서·환기시설 구비, 내부에 온도계·습도계 부착
- 선입선출 기준에 따라 재료 관리
- 작업 편의성을 고려하여 정리정돈을 함
- 재료 보관 선반의 재질 : 목재나 스테인리스
- 선반은 4 ~ 5단으로 60cm 이내 바닥에서 15cm 이상, 벽에서 15cm의 공간을 띄우도록 함

② 냉장 저장 관리
- 정기적으로 재료와 제품 관리
- 온도는 0 ~ 10℃, 습도는 75 ~ 95%에서 관리
- 냉장고 내부에 온도계·습도계를 부착하고 주기적으로 확인
- 선입선출 기준에 따라 재료 관리
- 작업 편의성을 고려하여 정리정돈을 함
- 냉장고 용량의 70% 이하로 식품 보관
- 우유·달걀 등은 냄새가 심한 식자재와 함께 보관하지 않음
- 모든 식품은 식힌 후 보관하고 투명 비닐이나 뚜껑을 덮어 낙하물질로부터 오염 방지
- 재료와 완제품은 냉장고 바닥으로부터 25cm 위에 보관(바닥에 두지 X)

③ 냉동 저장 관리
- 온도는 -23 ~ -18℃, 습도는 75 ~ 95%에서 관리
- 냉동 방법 : 에어블라스트 냉동법(급속 냉동, Air Blast), 컨덕트 냉동법(급속 냉동, Conduct), 나이트로겐 냉동법(순간 냉동, Nitrogen)
- 냉동 해동 방법 : 해동 중 맛과 향, 감촉, 영양, 모양 등의 변화가 없어야 함

완만 해동	냉장고 내에서 해동, 대량으로 해동할 경우 이용
상온 해동	실내에서 해동, 공기 중의 수분이 제품에 직접 응결되지 않도록 주의
액체 중 해동	10℃ 정도의 흐르는 물 또는 식염수로 해동

- 급속 해동 : 건열 해동, 전자레인지 해동, 스팀 해동(증기), 보일 해동(뜨거운 물속), 튀김 해동(고온기름)

> **기출 맛보기**
>
> 냉동반죽 제품의 장점이 아닌 것은?
> ① 인당 생산량이 증가한다.
> ② 계획 생산이 가능하다.
> ③ 반죽의 저장성이 향상된다.
> ④ 이스트의 사용량이 감소한다.
>
> 정답 ④ 냉동반죽은 냉동 과정에서 이스트의 일부가 냉해를 입기 때문에 이스트의 사용량이 증가한다.

- **제품의 유통**
① 제품 유통 시 안전한 소비기한 설정 및 적정한 표시를 해야 함
  - 소비기한 : 식품 등(식품, 식품첨가물, 축산물, 기구 또는 용기·포장을 말함)에 표시된 보관방법을 준수할 경우 섭취하여도 안전에 이상이 없는 기한
  - 소비기한에 영향을 주는 요인

내부적 요인	외부적 요인
원재료, 제품의 배합 및 조성, 수분 함량 및 수분활성도, pH 및 산도, 산소의 이용성 및 산화환원 전위	제조공정, 포장재질 및 포장방법, 위생 수준, 저장·유통·진열 조건(온도, 습도, 빛, 취급 등), 소비자 취급

② 제품 유통 중 온도 관리 기준에 따른 적정 온도
  - 실온 유통 : 실온은 1 ~ 35℃, 봄·여름·가을·겨울을 고려하여 설정
  - 상온 유통 : 상온은 15 ~ 25℃
  - 냉장 유통 : 냉장은 0 ~ 10℃, 보통 5℃ 이하로 유지
  - 냉동 유통
    - 냉동은 -18℃ 이하, 품질 변화가 최소화될 수 있도록 냉동온도를 설정
    - 냉동 제품은 -20℃ 정도로 유지되므로 운반과 보관 시 온도가 상승하지 않도록 주의하며, 신속한 운송으로 품질 저하 방지

제과제빵기능사 필기 8개년 기출문제집

PART 02

8개년 CBT 기출복원문제
(2018년~2025년)

2018년 CBT 기출복원문제

01 [빈출]
퍼프 페이스트리의 팽창 원리에 해당하는 것은?

① 효모 팽창
② 화학 팽창
③ 증기 팽창
④ 공기 팽창

> 퍼프 페이스트리는 반죽과 버터가 여러 겹으로 접혀 있는 구조로 되어 있는데, 굽는 과정에서 버터에 포함된 수분이 증기로 변해 층을 밀어 올리면서 부풀어 오른다.

02
파운드 케이크에서 달걀 양이 늘어나면 다른 재료 중 변동되는 것은?

① 소금 양이 줄어든다.
② 설탕 양이 줄어든다.
③ 베이킹파우더 양이 늘어난다.
④ 우유 양이 줄어든다.

> 달걀이 수분 역할을 하므로 우유 양을 줄인다.

03
반죽형 케이크의 특징으로 옳지 않은 것은?

① 화학팽창제를 사용한다.
② 일반적으로 무거운 질감을 가진다.
③ 해밀턴 믹서를 사용하면 좋다.
④ 고온에서 구워야 한다.

> 해밀턴 믹서는 크림형 반죽에 적합한 장비로, 반죽형 케이크에는 적절하지 않다.

04 [빈출]
카카오버터는 초콜릿에 포함된 지방으로, 온도 변화에 민감하여 결정화 상태가 쉽게 바뀌고 이로 인해 블룸 현상이 발생하기도 한다. 이 현상을 방지하기 위해 가장 중요한 제조 공정은?

① 가공
② 템퍼링
③ 혼합
④ 발효

> 템퍼링(Tempering)은 초콜릿 속 지방 결정, 특히 카카오버터를 안정된 형태로 만들어주는 과정을 말한다. 이 과정을 생략하면 표면에 얼룩이 생기거나 식감이 저하되므로 초콜릿을 매끈하게 굳히려면 꼭 필요한 과정이다.

05 [빈출]
빵을 오븐에 넣었을 때 초기 단계에서 부피가 커지는 주된 이유는?

① 79℃ 부근에서 효모가 활발히 증식한다.
② 이산화탄소가 기화하면서 부피가 늘어난다.
③ 당이 캐러멜화된다.
④ 단백질 응고가 시작된다.

> 발효 과정에서 생성된 이산화탄소는 굽는 동안 열을 받아 팽창하면서 빵을 부풀게 한다.

06

오버 베이킹에 대한 설명 중 옳은 것은?

① 수분 함량이 많다.
② **노화가 빨리 진행된다.**
③ 열이 잘 전달되지 않는다.
④ 높은 온도에서 짧은 시간 동안 굽는 것이다.

> 오버 베이킹은 제품 내부의 수분을 과도하게 증발시켜 전분의 노화를 빠르게 진행시키는 특징이 있다.

07 ⭐빈출

둥글리기의 목적이 아닌 것은?

① **수분 흡수력 증가**
② 반죽 표면에 얇은 막 형성
③ 반죽의 기공을 고르게 유지
④ 글루텐의 구조와 방향 정돈

> 둥글리기의 목적은 반죽 표면을 매끄럽게 하고, 기포를 고르게 분포시키는 것이며, 수분 흡수력을 증가시키는 과정은 아니다.

08

고온으로 튀긴 제품의 특징이 아닌 것은?

① **설탕을 묻혔을 때 쉽게 발한하지 않는다.**
② 속이 익지 않는다.
③ 흡유량이 줄어든다.
④ 껍질 색이 짙다.

> 고온에서 튀기면 표면이 빠르게 갈색화되어 껍질 색이 짙어지고, 설탕은 쉽게 캐러멜·발화한다.

09

달걀 40%를 사용하여 만든 커스터드 크림과 비슷한 되기로 만들기 위해 달걀 전량을 옥수수 전분으로 대체한다면 얼마 정도가 가장 적합한가?

① 30%
② 40%
③ **10%**
④ 20%

> 달걀의 응고 성질을 전분으로 대체할 경우, 전분의 점성과 농도를 고려하여 달걀 중량의 약 10%를 사용하는 것이 적절하다.

10 ⭐빈출

제빵 시 적절한 2차 발효점은 완제품 용적의 몇 %가 가장 적당한가?

① 40~45%
② 90~95%
③ 50~55%
④ **70~80%**

> 2차 발효는 제품 부피가 목표치의 70~80%가 되었을 때가 적절하며, 이를 초과하면 과발효로 품질 저하가 일어난다.

11

반죽 온도가 정상보다 낮을 때 나타나는 제품의 결과로 틀린 것은?

① 부피가 작다.
② 기공이 조밀하다.
③ **큰 기포가 형성된다.**
④ 오븐에 굽는 시간이 약간 길다.

> - 반죽 온도가 낮으면 발효속도가 늦어져 부피가 작고 기공이 조밀해지며, 굽는 시간도 길어진다.
> - 반죽 온도가 높으면 큰 기포가 형성된다.

12 ⭐

다음 제품 중 굽기 전 침지 또는 분무하여 굽는 제품은?

① 다쿠와즈
② **슈**
③ 오믈렛
④ 핑거쿠키

> 슈는 굽기 전 반죽 표면에 수분을 공급하면, 굽는 동안 팽창을 돕고 표면 갈라짐을 방지할 수 있다.

13 ⭐

반죽의 믹싱 단계 중 탄력성과 신장성이 상실되고 반죽에 생기가 없어지면서 글루텐 조직이 풀어지는 것은?

① 렛 다운 단계
② **브레이크 다운 단계**
③ 픽업 단계
④ 클린업 단계

> 믹싱이 과도하게 진행되면 글루텐이 약해지고 반죽이 힘을 잃는 브레이크 다운 단계가 된다.

14

슈 반죽을 만들기에 적당하지 않은 것은?

① 달걀은 불에서 내려 반죽되기를 보면서 소량씩 넣는다.
② **밀가루는 버터가 다 녹지 않은 상태에서 넣어 호화해야 한다.**
③ 슈 반죽을 만들 때 밀가루가 잘 호화되도록 가열해야 한다.
④ 점도는 나무주걱으로 떠 올렸을 때 천천히 떨어지는 정도가 좋다.

> 밀가루는 버터가 완전히 녹은 상태에서 넣어야 균일하게 호화된다.

15

빵의 굽기에 대한 설명 중 옳은 것은?

① **저배합의 경우 높은 온도에서 짧은 시간으로 굽기**
② 저배합의 경우 낮은 온도에서 긴 시간으로 굽기
③ 고배합의 경우 높은 온도에서 긴 시간으로 굽기
④ 고배합의 경우 낮은 온도에서 짧은 시간으로 굽기

> 저배합의 경우 구조가 약해 빠르게 고정해야 하므로 높은 온도에서 짧은 시간으로 굽는 것이 적합하며, 고배합의 경우 낮은 온도에서 오래 굽는다.

16 ⭐

식빵을 팬닝할 때 일반적으로 권장되는 팬의 온도는?

① 37℃
② 27℃
③ **32℃**
④ 22℃

> 식빵 팬의 적정 온도는 반죽 발효 상태와 제품 품질 유지를 위해 약 32℃가 적합하다.

17 ⭐

스펀지법에서 스펀지에 사용하는 일반적인 재료가 아닌 것은?

① 밀가루
② **소금**
③ 이스트
④ 이스트 푸드

> - 스펀지법에서 1차 반죽(스펀지)에는 보통 밀가루, 이스트, 이스트 푸드, 물을 사용한다.
> - 소금은 글루텐 형성을 억제하므로 2차 반죽 단계에서 첨가한다.

18

식빵은 보통 내부 온도가 35~40℃ 정도가 될 때까지 냉각시킨다. 식빵의 온도를 28℃까지 냉각한 후 포장했을 때 가장 흔히 나타나는 영향은?

① 빵의 모양이 퍼지게 된다.
② 노화가 일어나서 빨리 딱딱해진다.
③ 식빵을 슬라이스하기 어렵다.
④ 곰팡이가 쉽게 발생한다.

> 적정 온도보다 낮게 냉각한 후 포장하면 내부 수분이 이동하여 전분의 노화가 빨라지고, 딱딱해진다.

19 빈출

빵의 관능적 평가에서 외부적 속성을 평가하는 항목으로 틀린 것은?

① 크러스트 색상
② 맛
③ 결 형성
④ 경질성

> 외부적 속성은 색상, 형태, 경질성 등 시각·촉각으로 평가하며, 맛은 내부적 속성이다.

20 빈출

소규모 제과점에서 가장 많이 사용되며 반죽을 넣는 입구와 제품을 꺼내는 출구가 같은 오븐은?

① 데크 오븐
② 회전식 오븐
③ 연속식 오븐
④ 터널 오븐

> 데크 오븐은 구조가 단순하고 소규모 제과·제빵에 적합하며, 반죽을 넣는 입구와 제품을 꺼내는 출구가 동일하다.

21 빈출

이스트에 함유되어 있는 효소 중에서 지방을 지방산과 글리세린으로 분해하는 효소는?

① 인버타아제(invertase)
② 리파아제(lipase)
③ 말타아제(maltase)
④ 프로테아제(protease)

> 리파아제(lipase)는 지방을 지방산과 글리세린으로 가수분해하는 효소이다.

22

호밀빵 제조 시 호밀을 사용하는 이유 및 기능과 거리가 먼 것은?

① 색상 향상
② 조직의 특성 부여
③ 독특한 맛 부여
④ 구조력 향상

> 호밀은 글루텐 형성력이 약해 구조력 향상과는 거리가 멀다.

23 빈출

베이킹파우더가 반응을 일으키면 발생하는 가스는 무엇인가?

① 탄산가스
② 질소가스
③ 암모니아
④ 수소가스

> 베이킹파우더에 포함된 탄산수소나트륨은 반죽 속 수분과 산, 열에 의해 분해되어 탄산가스(CO_2)와 물, 탄산나트륨을 생성한다. 이때 발생한 탄산가스는 반죽을 부풀게 하는 팽창 가스로 작용한다.

24
수중유적형(O/W) 식품이 아닌 것은?

① 아이스크림
② **마가린**
③ 마요네즈
④ 우유

수중유적형(O/W)과 유중수적형(W/O)	
수중유적형 (O/W)	물속에 기름이 입자 모양으로 분산 예 마요네즈, 우유, 아이스크림
유중수적형 (W/O)	기름 속에 물이 입자 모양으로 분산 예 버터, 마가린

25
메틸알코올의 중독 증상이 아닌 것은?

① 구토
② 두통
③ **환각**
④ 실명

- 메틸알코올의 중독 증상에는 두통, 구토, 실명 등이 있다.
- 환각은 에틸알코올의 대표적인 중독 증상이다.

26
핑크색 합성 색소로서 유해한 것은?

① 아우라민(auramine)
② p-니트로아닐린(nitroanilin)
③ 둘신(dulcin)
④ **로다민(rhodamine) B**

로다민 B는 발암 가능성이 있는 합성 유해 색소로, 식품에 사용이 금지되어 있다.

27
다음 중 식품위생법에서 정하는 식품접객업에 속하지 않는 것은?

① 유흥주점
② 제과점
③ 휴게음식점
④ **식품소분업**

- 식품접객업 : 휴게음식점영업, 일반음식점영업, 단란주점영업, 유흥주점영업, 위탁급식영업, 제과점영업
- 식품소분·판매업 : 식품소분업, 식품판매업

28
다음 중 병원체가 바이러스인 질병은?

① 결핵
② 디프테리아
③ 성홍열
④ **폴리오**

- 폴리오는 소아마비를 일으키는 바이러스 질환이다.
- 결핵, 디프테리아, 성홍열은 병원체가 세균인 질환이다.

29
세균성 식중독과 비교하여 경구 감염병의 특성이 아닌 것은?

① 2차 감염이 빈번하다.
② 미량의 균으로도 감염된다.
③ 음용수로 인해 감염된다.
④ **비교적 잠복기가 짧다.**

경구 감염병은 잠복기가 비교적 길고, 2차 감염이 빈번하다.

30

식품첨가물 중에서 보존제의 사용목적이 아닌 것은?

① 식품의 변질 방지
② 식품의 영양가 보존
③ 신선도 유지
④ **수분 감소 방지**

> 보존제는 변질 방지, 품질 유지 등을 위해 사용되며, 수분 감소 방지는 기능에 포함되지 않는다.

31

원가의 절감 방법이 아닌 것은?

① 구매 관리를 엄격히 한다.
② 불량률을 최소화한다.
③ 제조 공정 설계를 과학적으로 한다.
④ **창고의 재고를 최대로 한다.**

> 재고를 과도하게 보유하면 보관비와 손실이 발생해 원가 절감에 불리하다.

32 ★빈출

제빵 시 정형(make-up)의 범주에 들어가지 않는 것은?

① 성형
② 둥글리기
③ 분할
④ **2차 발효**

> 정형 공정에는 분할·성형·둥글리기 등이 포함되며, 2차 발효는 정형 다음 단계에서 이루어진다.

33 ★빈출

다음 당류 중에서 이당류(Disaccharides)에 속하는 것은?

① 포도당(glucose)
② 과당(fructose)
③ 갈락토오스(galactose)
④ **설탕(sucrose)**

> 설탕은 포도당과 과당이 결합된 이당류이며, 포도당·과당·갈락토오스는 모두 단당류이다.

34 ★빈출

다음 중 단백가가 가장 높은 식품은?

① **달걀**
② 찹쌀
③ 소고기
④ 우유

> 달걀은 필수아미노산 조성이 뛰어나 단백질 질을 평가하는 표준 식품으로 사용된다.

35 ★빈출

달걀에 들어 있는 성분 중 빵의 노화를 지연시키는 천연 유화제는?

① 타이민
② 알부민
③ 글리아딘
④ **레시틴**

> 레시틴은 난황에 함유된 천연 유화제로, 빵의 노화를 지연시키고 부드러운 조직을 만든다.

36

시유에 들어있는 탄수화물 중 가장 많은 것은?

① 유당
② 맥아당
③ 포도당
④ 과당

> 시유(우유) 속 주요 탄수화물은 유당(lactose)이며, 우유 특유의 맛과 발효 특성에 영향을 준다.

37

지방의 불포화도를 측정하는 아이오딘가가 다음과 같을 때 불포화도가 가장 크고 건성유가 되는 항목은?

① 아이오딘가 : 50 이상 100 미만
② 아이오딘가 : 50 미만
③ 아이오딘가 : 130 이상
④ 아이오딘가 : 100 이상 130 미만

> 아이오딘가는 지방의 불포화도를 나타내며, 값이 높을수록 불포화도가 크고 건성유에 해당한다.
> - 건성유 : 130 이상 예 아마인유, 들기름
> - 반건성유 : 100 ~ 130 예 대두유, 면실유
> - 불건성유 : 100 이하 예 올리브유, 피마자유

38

다음 중 동물성 단백질은?

① 아밀로오스
② 덱스트린
③ 글루텐
④ 젤라틴

> 젤라틴은 동물의 결합조직에서 얻은 단백질이며, 식품의 점질감과 탄력 부여에 사용된다.

39

우유에서 제품의 껍질 색을 진하게 하는 물질은?

① 무기질
② 유당
③ 카페인
④ 점사

> 유당은 가열 시 마이야르 반응에 의해 색을 진하게 만든다.

40

튀김용 기름이 발연점 이상이 되면 눈을 쓰게 만들고 악취가 나게 하는 물질은?

① 모노글리세라이드
② 글리세린
③ 아크롤레인 및 저급지방산
④ 고급지방산

> 튀김용 기름은 발연점 이상에서 지방이 분해되어 아크롤레인(아크릴알데히드)이 발생하며, 이는 자극성 냄새와 유해성을 가진다.

41

다음 중 필수아미노산이 아닌 것은?

① 트레오닌
② 글루타민
③ 메티오닌
④ 트립토판

> - 글루타민은 조건부 필수아미노산으로, 정상적인 상태에서는 체내에서 합성 가능하다.
> - 필수아미노산 : 라이신, 트립토판, 류신, 이소류신, 페닐알라닌, 트레오닌, 메티오닌, 발린

42 ⭐

밀가루를 체질하는 목적으로 옳지 않은 것은?

① 건조 재료의 균질 혼합
② 이물질 제거
③ 밀가루의 온도 상승 억제
④ **밀가루에 공기 혼입, 이스트 활성 촉진**

> 체질의 주목적은 이물질 제거, 균질 혼합, 온도 조절이며, 이스트 활성 촉진은 직접적인 목적이 아니다.

43 ⭐

부패의 물리학적 판정에 이용되지 않는 것은?

① 탄성
② 색 및 전기저항
③ **냄새**
④ 점도

> 부패 판정에서 물리학적 방법은 탄성, 점도, 전기저항, 색 변화 등을 이용하며, 냄새는 관능검사의 항목이다.

44 ⭐

장염 비브리오균에 의한 식중독이 가장 쉽게 발생하는 식품은?

① 우유제품
② **어패류**
③ 야채류
④ 식육류

> 장염 비브리오균은 해수에 서식하며, 어패류 섭취를 통해 식중독을 일으키기 쉽다.

45

다음 중 식중독 증상이 신경 친화성이며 치사율이 높은 것은?

① 살모넬라 식중독
② **보툴리누스 식중독**
③ 포도상구균 식중독
④ 대장균 식중독

> 보툴리누스 독소는 강력한 신경독으로, 소량으로도 치명적인 식중독을 일으킨다.

46

동물에게 유산을 일으키고 사람에게는 열병을 나타내는 인수공통감염병은?

① 탄저병
② 리스테리아증
③ **브루셀라증**
④ 돈단독

> 브루셀라증은 동물에게 유산을 유발하고, 사람에게는 발열·관절통 등을 동반하는 인수공통감염병이다.

47

포장된 케이크류에서 곰팡이에 의한 변패가 많을 때 변패의 가장 중요한 원인은?

① 저장기간
② **흡습**
③ 작업자
④ 고온

> 포장된 케이크류는 수분 흡수가 곰팡이 발생의 주요 원인이 된다.

48 ⭐빈출

유지와 밀가루를 먼저 넣고 반죽하는 케이크 제조방법은?

① 1단계법
② 크림법
③ 시럽법
④ **블렌딩법**

> 블렌딩법은 유지와 밀가루를 먼저 혼합하여 글루텐 형성을 억제하는 방법으로, 조직이 부드럽고 유연한 제품을 만들 때 사용된다.

49 ⭐빈출

제빵에서 2차 발효실의 습도가 너무 높을 때 발생할 수 있는 결점은?

① 오븐 팽창이 적어진다.
② 겉껍질이 불균일해진다.
③ 겉껍질 형성이 빠르다.
④ **수포 생성, 질긴 껍질이 되기 쉽다.**

> 습도가 과도하면 반죽 표면에 수포가 형성되고 껍질이 질겨진다.

50

주방의 설계와 시공에서 잘못된 것은?

① 환기창은 대형의 1개보다 소형의 여러 개가 효과적이다.
② 바닥 배수는 측면에 설치한다.
③ 냉장고와 발열기구는 가능한 멀리 배치한다.
④ **주방 내의 천장은 낮을수록 좋다.**

> 천장이 낮으면 열과 증기, 냄새가 잘 빠지지 않아 위생과 작업 환경에 불리하므로 천장은 높을수록 좋다.

51

당의 캐러멜화(Caramelization)는 어느 조건에서 더 진하게 되는가?

① 약산성
② **알칼리성**
③ 산성
④ 중성

> 캐러멜화는 당이 고온에서 분해·산화하여 갈색물질(카라멜 색소)을 만드는 반응으로, 알칼리 조건에서 반응이 촉진되어 색과 향이 더 진해진다.

52

단당류의 성질에 대한 설명 중 틀린 것은?

① 선광성이 있다.
② 물에 용해되어 단맛을 가진다.
③ **산화되어 다양한 알코올을 생성한다.**
④ 분자 내 카르보닐기에 의해 환원성을 가진다.

> 단당류는 환원성을 가져 산화 시 알데하이드나 카르복실산을 형성하며, 알코올은 환원반응을 통해 생성된다.

53 ⭐빈출

이스트에 존재하는 효소로 포도당을 분해하여 알코올과 이산화탄소를 만드는 것은?

① 인버타아제(invertase)
② 리파아제(lipase)
③ **치마아제(zymase)**
④ 말타아제(maltase)

> 치마아제(zymase)는 발효의 핵심 효소 복합체로, 당을 분해하여 알코올 발효를 일으킨다.

54

탄수화물, 지방과 비교할 때 단백질만이 가지는 특징적인 구성 성분은?

① 수소
② 질소
③ 산소
④ 탄소

> 단백질은 탄소, 수소, 산소 외에 질소를 포함하며, 일부 단백질은 황이나 인 등을 함유하기도 한다.

55

인수공통감염병으로만 묶인 것은?

① 홍역, 브루셀라증
② 탄저, 리스테리아증
③ 결핵, 유행성 간염
④ 폴리오, 장티푸스

> 탄저와 리스테리아증은 사람과 동물 모두에 감염될 수 있는 인수공통감염병이다.

56

생이스트를 보관할 때의 가장 적당한 온도는?

① 20~25℃
② 1~4℃
③ 12~15℃
④ 15~20℃

> 생이스트는 냉장(1~4℃)에서 보관해야 활성을 유지하고 변질을 방지할 수 있다.

57

배합을 할 때 반죽의 온도 조절에 가장 큰 영향을 미치는 원료는?

① 밀가루
② 설탕
③ 물
④ 이스트

> 물은 투입량과 온도 조절이 쉽고, 반죽 전체 온도에 직접적인 영향을 준다.

58

다음 중 주로 유화제로 사용되는 식품첨가물은?

① 탄산암모늄
② 탄산나트륨
③ 프로피온산칼슘
④ 글리세린지방산에스테르

> 글리세린지방산에스테르는 수분과 기름을 잘 섞이게 하는 유화제로 널리 사용된다.

59

빵 포장의 목적에 부적합한 것은?

① 상품의 가치 향상
② 빵의 미생물 오염 방지
③ 빵의 저장성 증대
④ 수분 증발 촉진과 노화 방지

> 포장은 수분 증발을 촉진하는 것이 아니라 억제하여 노화를 지연시키는 역할을 한다.

60

다음 중 제품 특성상 일반적으로 노화가 가장 빠른 것은?

① 카스텔라
② 도넛
③ 단과자빵
④ 식빵

> 식빵은 전분 함량과 수분 함량이 많고 표면적이 넓어 전분의 노화가 빠르게 진행된다.

2019년 CBT 기출복원문제

01 ⭐
쥐나 곤충류에 의해 발생될 수 있는 식중독은?

① 살모넬라 식중독
② 장염 비브리오 식중독
③ 포도상구균 식중독
④ 클로스트리디움 보툴리눔 식중독

> 살모넬라균은 쥐, 파리, 바퀴벌레 등 설치류나 곤충류를 통해서도 전파될 수 있다.

02
다음 중 일반적으로 잠복기가 가장 긴 것은?

① 유행성 간염
② 세균성 이질
③ 디프테리아
④ 페스트

> 유행성 간염의 잠복기는 2~6주로 다른 감염병에 비해 매우 길다.

03 ⭐
장염 비브리오 식중독을 일으키는 주요 원인식품은?

① 어패류
② 채소류
③ 육류
④ 달걀

> 장염 비브리오는 해수에서 번식하며, 회나 어패류 섭취 시 감염 위험이 크다.

04
식품첨가물에 대한 설명 중 틀린 것은?

① 모든 품목은 사용대상 식품의 종류 및 사용량에 제한을 받지 않는다.
② 성분규격을 위해 품질을 일정하게 유지해야 한다.
③ 일부는 장기간 섭취 시 인체에 유해할 수 있으므로 주의가 필요하다.
④ 용도에 따라 보존료, 산화방지제 등이 있다.

> 식품첨가물은 안전성 확보를 위해 식품별 허용량과 사용 기준이 법적으로 규정되어 있다.

05 ⭐
다음 중 비교적 고온에서 굽는 제품은?

① 과일 케이크
② 퍼프 페이스트리
③ 시폰 케이크
④ 파운드 케이크

> 퍼프 페이스트리는 층 형성을 위해 비교적 높은 온도에서 굽는다.

06 ⭐
성형과정을 거치는 동안에 반죽이 거친 취급을 받아 상처받은 상태이므로 이를 회복시키기 위해 글루텐 성질과 팽창을 도모하는 과정은?

① 중간 발효
② 2차 발효
③ 1차 발효
④ 휴지

> 성형 후 2차 발효(최종 발효)로 글루텐 회복과 기포 형성을 돕는다.

07
빵 발효에 영향을 주는 요소에 대한 설명으로 틀린 것은?

① 사용되는 이스트의 양이 많으면 발효시간은 감소된다.
② 상온이 높으면 발효가 지연된다.
③ **제빵용 이스트는 약알칼리성에서 가장 잘 발효된다.**
④ 적정량의 손상된 전분은 발효성 탄수화물을 공급한다.

> 제빵용 이스트는 중성에서 약산성(pH 4~6) 환경에서 발효가 잘 된다.

08 빈출
파운드 케이크 제조 시 윗면이 터지지 않는 경우는?

① **굽기 중 껍질 형성이 느릴 때**
② 반죽의 수분이 불충분할 때
③ 반죽을 팬에 넣은 후 굽기까지 장시간 방치한 때
④ 반죽에 공기가 충분히 들어가지 않았을 때

> 껍질 형성이 느리면 내부 팽창이 고르게 진행되어 터짐이 줄어든다.

09
보통 반죽에서 이스트를 2.5% 사용하였다면 냉동반죽에서의 이스트 사용량은?

① 1.5%
② **5%**
③ 10%
④ 2.5%

> 냉동반죽은 냉동 과정에서 이스트 활성이 떨어지므로 보통보다 2배 정도 사용한다.

10
발효손실에 관한 설명으로 옳지 않은 것은?

① 반죽 온도가 높으면 발효손실이 크다.
② 발효시간이 길면 발효손실이 크다.
③ **고율배합이면 발효손실이 크다.**
④ 발효습도가 낮으면 발효손실이 크다.

> 설탕, 유지가 많이 들어가 수분량이 많은 고율배합 반죽은 발효손실이 적다.

11 빈출
굽기 후 빵을 썰어 포장하기에 가장 좋은 온도는?

① 47℃
② **37℃**
③ 27℃
④ 17℃

> 포장 온도는 35~40℃, 수분 함량은 38%가 적합하다. 높은 온도에서 포장하면 형태가 변하고, 곰팡이가 발생하며 썰기가 어려운 반면, 낮은 온도에서 포장하면 껍질이 건조하여 단단해지고, 노화가 빠르게 된다.

12
빵을 구울 때 글루텐이 응고되기 시작하는 온도는?

① **74℃**
② 37℃
③ 54℃
④ 97℃

> 글루텐은 약 74℃부터 응고가 시작되어 반죽 구조를 고정시킨다.

13

다음 중 글리세린(glycerin)에 대한 설명으로 틀린 것은?

① 지방의 가수분해 과정 중에 얻어진다.
② 식품의 보습제로 이용된다.
③ 물보다 비중이 가벼우며, 물에 녹지 않는다.
④ 무색, 무취로 시럽과 같은 액체이다.

- 글리세린은 물보다 무겁고, 물에 잘 녹는 특성이 있다.
- 글리세린은 무색·무취의 점성이 큰 시럽상 액체로, 보습성 때문에 식품의 보습제 및 고체유지제로 이용된다.

14 ⭐빈출

펩타이드(peptide) 사슬이 이루고 있는 구조는?

① 단백질의 2차 구조
② 비타민 A의 구조
③ 단백질의 1차 구조
④ 지방과 지방산의 에스터 결합구조

펩타이드 사슬은 단백질의 2차 구조 형성에 기여한다.

15

제빵 시 경수를 사용할 때 고려사항이 아닌 것은?

① 금속류 감소
② 이스트 사용량 증가
③ 소금양 증가
④ 광물질 감소

경수 사용 시 금속류 감소보다는 효소 작용과 발효 특성에 주의한다.

16

성장 촉진과 피부·점막 보호, 결핍 시 구각염을 일으키는 비타민은?

① 비타민 A
② 비타민 B_2
③ 비타민 B_1
④ 비타민 B_{12}

비타민 B_2(리보플라빈)는 세포 성장과 피부 및 점막 보호에 필수이며, 결핍 시 구각염과 피부염 등이 발생한다.

17 ⭐빈출

다음 중 반죽을 강하게 하는 재료는?

① 소금, 산화제, 탈지분유
② 설탕, 유지, 달걀
③ 설탕, 유지, 산화제
④ 설탕, 소금, 유지

소금과 산화제는 글루텐 강화에, 탈지분유는 단백질 보강에 도움을 준다.

18 ⭐빈출

다음 중 양질글루텐 보존 효소의 예로 맞는 것은?

① 지방 - 펩신
② 단백질 - 트립신
③ 단백질 - 콘스틴
④ 전분 - 말타아제

트립신은 단백질 분해효소로, 글루텐 품질 평가에도 쓰인다.

19

빈혈 예방과 관련이 없는 영양소는?

① 철
② 칼슘
③ 비타민 B₁₂
④ 코발트

> 철, 비타민 B₁₂, 코발트 등은 빈혈 예방과 직결되지만, 칼슘은 빈혈 예방과 직접적인 관련이 없다.

20

세균에 의한 경구 감염병은?

① 유행성 간염
② 진균독증
③ 콜레라
④ 폴리오

> 콜레라는 세균 감염에 의한 대표적인 경구 감염병으로, 오염된 물이나 음식 섭취로 감염된다.

21

병원성 대장균 식중독의 원인균에 관한 설명으로 옳은 것은?

① 보통의 대장균과 다르다.
② 장내 상재균총의 대표격이다.
③ 혐기성 또는 강한 혐기성이다.
④ 독소를 생산하는 것도 있다.

> 병원성 대장균은 특정 독소를 생성하여 식중독을 유발할 수 있다.

22

다음 식품첨가물 중에서 보존제로 허용되지 않은 것은?

① 안식향산나트륨
② 소르빈산칼륨
③ 데히드로초산
④ 말라카이트 그린

> 말라카이트 그린은 발암 가능성 등으로 식품 보존제로 사용이 금지되어 있다.

23

위생동물은 식품 자체의 피해와 인체에 대한 영향이 매우 크다. 다음 중 위생동물의 특성과 거리가 먼 것은?

① 병원미생물을 식품에 감염시키는 것도 있다.
② 쥐, 진드기, 파리, 바퀴 등이 속한다.
③ 서식범위가 넓다.
④ 일반적으로 발육기간이 길다.

> 위생동물은 대개 발육기간이 짧고 번식력이 매우 높아 개체수가 빠르게 늘어나는 특성이 있다.

24

설탕공예용 당액 제조 시 설탕의 재결정을 막기 위해 첨가하는 재료는?

① 베이킹파우더
② 중조
③ 주석산
④ 포도당

> 주석산은 설탕 결정의 성장 속도를 억제하여 재결정을 방지한다.

25

식빵 배합에서 소맥분 대비 6%의 탈지분유를 사용할 때의 현상으로 옳지 않은 것은?

① 발효를 촉진시킨다.
② 믹싱 내구성을 높인다.
③ 표피색을 진하게 한다.
④ 흡수율을 증가시킨다.

> 탈지분유는 발효를 억제하는 경향이 있으며, 색상과 풍미 개선에 기여한다.

26

제품의 생산원가를 계산하는 목적에 해당하지 않는 것은?

① 원가 절감
② 판매가격 결정
③ 품질·재료 관리
④ 설비 보수

> 설비 보수는 유지관리 목적이며, 원가 계산의 직접적인 목적과는 무관하다.

27 ⭐

튀김기름이 산패를 일으키는 주요 원인 중 거리가 먼 것은?

① 산소
② 열
③ 수소
④ 금속

> 산패는 주로 산소, 금속, 열 등에 의해 촉진된다.

28 ⭐

유지와 밀가루를 먼저 넣고 반죽하는 케이크 제조법은?

① 1단계법
② 시럽법
③ 블렌딩법
④ 크림법

> 블렌딩법은 유지와 밀가루를 먼저 섞어 글루텐 형성을 억제하는 방법이므로, 조직이 부드럽고 유연한 제품을 만들 때 사용된다.

29 ⭐

다음 중 반죽이 매끈해지고 글루텐이 가장 많이 형성되어 탄력성이 강한 것이 특징이며, 프랑스빵 반죽의 믹싱 완료 시기인 단계는?

① 클린업 단계
② 발전 단계
③ 렛 다운 단계
④ 최종 단계

> 발전 단계에서는 글루텐 형성이 최대로 이루어져 탄력성이 강해지고 반죽 표면이 매끈해진다.

30 ⭐

스펀지 & 도우법에서 스펀지 반죽의 재료가 아닌 것은?

① 밀가루
② 설탕
③ 물
④ 이스트

> 스펀지 반죽에는 밀가루, 물, 이스트가 들어가며, 설탕은 본반죽 단계에서 첨가한다.

31

팬에 바르는 기름은 다음 중 무엇이 높은 것을 선택해야 하는가?

① 발연점
② 가소성
③ 산가
④ 크림성

> 발연점이 높은 기름은 고온에서도 안정적으로 사용 가능하다.

32

다음 중 우유 단백질이 아닌 것은?

① 락토알부민(lactoalbumin)
② 락토오스(lactose)
③ 카세인(casein)
④ 락토글로불린(lactoglobulin)

> 락토오스(lactose)는 유당으로, 단백질이 아니라 탄수화물에 속한다.

33

다음 중 이스트의 영양원이 되는 물질은?

① 황산암모늄
② 인산칼슘
③ 브로민산칼슘
④ 소금

> 이스트의 영양원은 질소와 인산, 칼륨이며, 이스트에 부족한 질소를 공급하기 위해 암모늄의 형태를 많이 활용하는데 황산암모늄이 대표적이다.

34

지방을 유화시켜 흡수를 돕는 대표적인 것은?

① 라피노스(raffinose)
② 리파아제(lipase)
③ 담즙산(bile acid)
④ 스테압신(steapsin)

> 담즙산은 지방을 미세하게 유화시켜 소장에서 효소 작용과 흡수를 돕는다.

35

지방 분해효소와 관계없는 것은?

① 포스포리파아제
② 말타아제
③ 스테압신
④ 리파아제

> 말타아제는 탄수화물(맥아당)을 분해하는 효소로, 지방 분해와는 관련이 없다.

36

믹싱 시간, 믹싱 내구성, 흡수율 등 반죽의 배합/혼합을 위한 기초자료를 제공하는 것은?

① 아밀로그래프
② 익스텐소그래프
③ 패리노그래프
④ 알베오그래프

> 패리노그래프는 반죽의 흡수율과 믹싱 특성(믹싱 시간, 믹싱 내구성 등)을 측정하는 장비이다.

37

경구 감염병과 거리가 먼 것은?

① 유행성 간염
② 콜레라
③ 이질
④ 일본뇌염

> 일본뇌염은 경구(입을 통한 감염) 감염병이 아니라 모기를 매개로 전파되는 감염병이다.

38

감염병 발생의 3대 요인이 아닌 것은?

① 숙주 감수성
② 감염원
③ 감염경로
④ 성별

> - 성별은 감염병 발생의 직접 요인이 아니다.
> - 감염병 발생의 3대 요인은 숙주 감수성, 감염원(병원소), 감염경로이다.

39

곰팡이의 대사 생산물이 사람이나 동물에게 질병이나 이상을 유발하는 것은?

① 진균독 식중독
② 화학적 식중독
③ 만성 감염병
④ 급성 감염병

> 진균독 식중독은 곰팡이가 생산하는 독소를 섭취함으로써 발생하는 식중독을 말한다.

40

빵, 과자 제조 시 첨가하는 팽창제가 아닌 것은?

① 암모늄명반
② 탄산수소나트륨
③ 염화암모늄
④ 프로피온산나트륨

> 프로피온산나트륨은 방부제로 사용되며, 팽창제가 아니다.

41

경구 감염병 예방대책 중 틀린 것은?

① 건강 유지와 저항력 향상을 위해 노력한다.
② 오염이 의심되는 식품은 폐기한다.
③ 의식전환운동, 계몽운동, 위생교육 등을 정기적으로 실시한다.
④ 모든 예방접종은 1회만 실시한다.

> 예방접종은 질병에 따라 일정 주기로 반복해야 한다.

42

독소형 식중독에 속하는 것은?

① 병원성 대장균
② 포도상구균
③ 장염 비브리오균
④ 살모넬라균

> 포도상구균 식중독은 독소형 식중독이다. 나머지는 감염형 식중독에 해당한다.

43 ⭐

손에 화농성 염증이 있는 조리자가 만든 김밥을 먹고 감염될 수 있는 식중독은?

① 비브리오 패혈증
② 살모넬라 식중독
③ 보툴리누스 식중독
④ **황색 포도상구균 식중독**

> 손 상처에서 황색 포도상구균이 식품에 오염되어 식중독이 발생할 수 있다.

44 ⭐

반죽법에 대한 설명 중 적합하지 않은 것은?

① 비상 반죽법은 제조시간을 단축할 목적으로 사용하는 반죽법이다.
② **재반죽법은 직접법의 변형으로 스트레이트법 장점을 이용한 방법이다.**
③ 스펀지법은 반죽을 2번에 나누어 믹싱하는 방법으로 중종법이라고 한다.
④ 직접법은 스트레이트법이라고 하며, 전재료를 한 번에 넣고 반죽하는 방법이다.

> 재반죽법은 직접법이 아니라 중종법의 변형으로, 1차 반죽을 숙성 후 2차 반죽을 하는 방식이다.

45 ⭐

표준 스트레이트법에서 최종 반죽 시 바람직한 온도는?

① 33℃
② 21℃
③ **27℃**
④ 39℃

> 표준 스트레이트법의 적정 반죽 온도는 27℃로, 글루텐 형성과 발효에 유리하다.

46 ⭐

도넛의 발한 현상을 방지하는 방법으로 틀린 것은?

① 충분히 식히고 나서 설탕을 묻힌다.
② 튀김 시간을 늘린다.
③ 도넛 위에 뿌리는 설탕 사용량을 늘린다.
④ **점착력이 낮은 기름을 사용한다.**

> 점착력이 낮은 기름은 표면에 설탕이 잘 묻지 않아 발한 현상 방지와 무관하다.

47

찜(수증기)을 이용하여 만드는 제품이 아닌 것은?

① 호빵
② 중화 만두
③ 찜 케이크
④ **소프트 롤**

> 소프트 롤은 오븐에서 굽는 제품으로, 찜 제품이 아니다.

48 ⭐

발효에 미치는 영향이 가장 적은 것은?

① 소금
② 온도
③ 이스트양
④ **유지**

> 유지(지방)는 발효에 직접적인 영향을 거의 주지 않으며, 반죽의 연화나 풍미에 주로 작용한다.

49

발효 중 가스 생성이 증가하지 않는 경우는?

① 반죽에 약산을 소량 첨가할 때
② 발효실 온도를 약간 높일 때
③ 이스트를 많이 사용할 때
④ **소금을 많이 사용할 때**

> 소금은 삼투압 작용으로 이스트 활동을 억제하여 가스 생성을 감소시킨다.

50

베이커스 퍼센트(Baker's percent)에서 기준이 되는 재료는?

① 달걀
② 물
③ **밀가루**
④ 이스트

> 베이커스 퍼센트는 밀가루 중량을 100%로 두고, 다른 재료의 비율을 계산하는 방식이다.

51

밀가루의 구성성분 중 가장 높은 비율을 차지하는 것은?

① 회분
② 수분
③ 단백질
④ **전분**

> 밀가루의 약 70~75%는 전분이며, 단백질 함량은 글루텐 형성에 중요한 요소이다.

52

필수아미노산이 아닌 것은?

① 페닐알라닌(phenylalanine)
② 라이신(lysine)
③ 메티오닌(methionine)
④ **아라키도닉산(arachidonic acid)**

> - 아라키도닉산은 지방산으로, 필수아미노산이 아니다.
> - 필수아미노산 : 라이신, 트립토판, 류신, 이소류신, 페닐알라닌, 트레오닌, 메티오닌, 발린

53

글리세롤 1분자에 지방산, 인산, 콜린이 결합한 지질은?

① 콜레스테롤
② **레시틴**
③ 세파린
④ 에르고스테롤

> 레시틴은 인지질로 유화작용이 뛰어나 제과제빵에서 유화제·연화제로 활용된다.

54

버터 초콜릿(bitter chocolate) 원액 속에 포함된 코코아버터의 함량은?

① **3/8**　② 7/8
③ 5/8　④ 4/8

> 버터 초콜릿의 코코아버터 함량은 약 37.5%로, 3/8에 해당한다.

55

밀은 경질, 연질로 크게 둘로 나눈다. 각 설명 중 틀린 것은?

① 경질 소맥은 단백질이 가장 적다.
② 경질 소맥은 절단면이 반투명한 초자질이다.
③ 연질 소맥은 절단면이 불투명의 분질이다.
④ 연질 소맥은 단백질이 가장 적다.

> 경질 소맥은 단백질 함량이 높아 빵 제조에 적합하다.

56

퐁당 크림을 부드럽게 하고 수분 보유력을 높이기 위해 일반적으로 첨가하는 것은?

① 한천, 젤리
② 소금, 크림
③ 물엿, 전화당 시럽
④ 물, 레몬

> 물엿과 전화당 시럽은 결정화를 방지하고 부드러운 질감을 유지한다.

57

밀알의 구조를 설명한 것 중 가장 맞는 것은?

① 배아(6%), 내배유(80%), 껍질(14%)
② 배아(2~3%), 내배유(70%), 껍질(27~28%)
③ 배아(3%), 내배유(83%), 껍질(14%)
④ 배아(10%), 내배유(60%), 껍질(30%)

> 밀알은 배아 약 3%, 내배유 83%, 껍질 14%로 구성된다.

58

달걀의 특징적 성분으로 지방의 유화력이 강한 성분은?

① 세파린(cephalin)
② 아비딘(avidin)
③ 스테롤(sterol)
④ 레시틴(lecithin)

> 달걀의 난황에 풍부한 레시틴(lecithin)은 인지질로 강한 유화력을 가진다.

59

우유에 함유된 질소화합물 중 가장 많은 양을 차지하는 것은?

① 락토알부민
② 글리아딘
③ 카세인
④ 시스테인

> 카세인은 우유 단백질의 약 80%를 차지하며, 치즈 제조의 주요 성분이다.

60

가장 광범위하게 사용되는 베이킹파우더(baking powder)의 주성분은?

① $CaHPO_4$
② $NaHCO_3$
③ Na_2CO_3
④ NH_4Cl

> 베이킹파우더의 주성분인 $NaHCO_3$는 중조(탄산수소나트륨)로, 열과 산에 의해 CO_2를 발생시켜 팽창을 돕는다.

2020년 CBT 기출복원문제

01 ⭐
일반적인 케이크 반죽의 팬닝 시 주의점이 아닌 것은?

① 종이 깔개를 사용한다.
② 팬닝 후 즉시 굽는다.
③ 팬기름을 많이 바른다.
④ 철판에 넣은 반죽은 두께가 일정하게 되도록 펴준다.

> 팬닝 시 기름을 과도하게 바르면 굽는 동안 기포가 발생하거나 표면이 고르게 형성되지 않을 수 있다.

02 ⭐
제과공장 설계 시 환경에 대한 조건으로 알맞지 않은 것은?

① 양질의 물을 충분히 얻을 수 있다.
② 폐수 및 폐기물 처리에 편리한 곳이어야 한다.
③ 환경 및 주위가 깨끗한 곳이어야 한다.
④ 바다 가까운 곳에 위치하여야 한다.

> 바닷가 인근은 염분과 습도의 영향으로 설비 부식 및 제품 품질 저하 가능성이 있으므로 적합하지 않다.

03 ⭐
쿠키의 제조 방법에 따른 분류 중 달걀 흰자와 설탕으로 만든 머랭 쿠키는?

① 프랑스식 쿠키
② 짜서 성형하는 쿠키
③ 밀어 펴서 성형하는 쿠키
④ 마카롱 쿠키

> 마카롱은 머랭(달걀 흰자) 반죽과 아몬드 가루를 기본 재료로 하여 만드는 대표적인 머랭 쿠키이다.

04 ⭐
튀김기름의 조건으로 틀린 것은?

① 발연점(smoking point)이 높아야 한다.
② 여름철에 융점이 낮은 기름을 사용한다.
③ 산가(acid value)가 낮아야 한다.
④ 산패에 대한 안정성이 있어야 한다.

> 여름철에는 융점이 낮은 기름이 쉽게 산패되므로 적합하지 않다.

05 ⭐
빵 반죽(믹싱) 시 반죽 온도가 높아지는 가장 큰 이유는?

① 이스트가 번식하기 때문에
② 글루텐이 발전하는 관계로
③ 원료가 용해되는 관계로
④ 마찰열이 생기기 때문에

> 반죽 시 기계 작동으로 인한 마찰열이 발생하여 반죽 온도가 상승한다.

06 ⭐
발효과정 중 생성되는 물질은?

① 글루텐
② 산소
③ 탄산가스
④ 단백질

> 효모의 발효과정에서 당분이 분해되면 탄산가스와 알코올이 생성된다.

07

콜레스테롤에 관한 설명 중 잘못된 것은?

① **탄수화물 중 다당류에 속한다.**
② 다량 섭취 시 동맥경화의 원인물질이 된다.
③ 비타민 D_3의 전구체가 된다.
④ 담즙의 성분이다.

> 콜레스테롤은 지질 성분이며, 탄수화물에 속하지 않는다.

08 빈출

제빵 시 경수를 사용할 때 조치사항이 아닌 것은?

① **급수량 감소**
② 이스트 사용량 증가
③ 맥아 첨가
④ 이스트 푸드 사용량 감소

> 경수는 반죽의 강도를 높이므로 급수량은 줄이지 않고, 이스트 사용량을 증가시키는 것이 일반적이다.

09

어떤 밀가루 100g의 조성이 수분 11%, 단백질 12%, 탄수화물 72%, 지방질 1.5%, 기타 4%일 때 이 밀가루의 g당 열량은?

① 약 6.8kcal
② 약 8.1kcal
③ **약 3.6kcal**
④ 약 1.0kcal

> • 100g당 열량 계산
> - 단백질 : 12g × 4kcal/g = 48kcal
> - 탄수화물 : 72g × 4kcal/g = 288kcal
> - 지방 : 1.5g × 9kcal/g = 13.5kcal
> - 수분, 기타 : 열량 없음
> - 총합 = 48 + 288 + 13.5 = 349.5kcal
> • 1g당 열량 = 349.5 ÷ 100 = 3.5kcal

10

달걀 흰자에 소금을 넣었을 때 기포성에 미치는 영향으로 옳은 것은?

① 거품 표면의 변성을 방지한다.
② 거품의 부피 및 양이 많이 증가한다.
③ 거품이 모두 제거된다.
④ **거품 표면의 변성을 촉진시킨다.**

> 소금은 단백질의 변성을 촉진하여 기포의 안정성을 떨어뜨릴 수 있다.

11 빈출

다음 연결 중 관계가 먼 것끼리 묶인 것은?

① **비타민 D - 안구건조증**
② 비타민 B_1 - 각기병
③ 비타민 A - 야맹증
④ 비타민 C - 괴혈병

> 안구건조증은 비타민 A 결핍과 관련이 있으며, 비타민 D 결핍은 구루병과 관련이 있다.

12

일반적으로 식품의 저온 살균온도로 가장 적합한 것은?

① 130 ~ 140℃
② **60 ~ 70℃**
③ 100 ~ 110℃
④ 20 ~ 30℃

> 저온 살균은 일반적으로 60 ~ 70℃ 범위에서 실시하여 병원성 미생물을 사멸시키되 영양소와 맛의 손상을 최소화한다.

13

살모넬라균(salmonella) 식중독에 대한 설명으로 옳은 것은?

① 살모넬라균 독소의 섭취로 인해 발병한다.
② 해수세균에 해당한다.
③ 극소량의 균량 섭취로 발병한다.
④ 10만 이상의 살모넬라균을 다량으로 섭취 시 발병한다.

> 살모넬라균 식중독은 살아있는 균 자체를 다량 섭취했을 때 발병하며, 일반적으로 10^5 CFU 이상을 섭취했을 때가 위험하다.

14

경구 감염병과 관계가 먼 것은?

① 이질
② 유행성 간염
③ 콜레라
④ 일본뇌염

> 일본뇌염은 모기에 의해 전파되므로 경구(음식·물) 감염병이 아니다.

15

원인균은 바실러스 안트라시스이며, 수육을 조리하지 않고 섭취할 때 발생하는 감염병은?

① 탄저
② 돈단독
③ 브루셀라병
④ 야토병

> 탄저는 탄저균(Bacillus anthracis)에 의해 발생하며, 오염된 고기나 수육을 날로 섭취했을 때 감염될 수 있다.

16

식물성 색소가 아닌 것은?

① 플라보노이드 색소
② 엽록소
③ 안토시아닌 색소
④ 식용색소 적색 제40호

> 적색 제40호는 합성색소로, 식물 유래 천연색소가 아니다.

17

빵의 생산 시 고려해야 할 원가요소와 가장 거리가 먼 것은?

① 학습비
② 재료비
③ 경비
④ 노무비

> 원가요소는 재료비, 노무비, 경비의 3요소로 구성되며, 학습비는 원가요소에 해당하지 않는다.

18

반죽 중의 설탕량은 반죽의 흡수율과 믹싱 시간에 중대한 영향을 준다. 설탕량을 5%씩 증가시킬 때마다 수분 흡수량은 얼마나 감소되는가?

① 2% ② 3%
③ 1% ④ 5%

> 설탕은 반죽 내 수분과 결합하여 흡수율을 낮추며, 설탕량이 5% 증가하면 흡수율은 약 1% 정도 감소한다.

19

식빵 배합에서 소맥분 대비 6%의 탈지분유를 사용할 때의 현상이 아닌 것은?

① 발효를 촉진시킨다.
② 믹싱 내구성을 높인다.
③ 표피색을 진하게 한다.
④ 흡수율을 증가시킨다.

> 탈지분유는 발효를 촉진하지 않으며, 대신 단백질과 유당이 반죽 구조와 색상, 흡수율 등에 영향을 미친다.

20

프랑스빵에서 스팀을 사용하는 이유로 부적당한 것은?

① 얇고 바삭거리는 껍질이 형성되도록 한다.
② 겉껍질에 광택을 내 준다.
③ 반죽의 흐름성을 크게 증가시킨다.
④ 거칠고 불규칙하게 터지는 것을 방지한다.

> 스팀은 빵 표면의 수분을 유지하여 껍질 형성을 돕고 광택을 부여하며, 균일한 부풀림을 유도한다. 반죽의 점도나 흐름성을 높이는 역할은 하지 않는다.

21

식빵의 굽기 후 포장 온도로 가장 적합한 것은?

① 25 ~ 30℃
② 40 ~ 45℃
③ 35 ~ 40℃
④ 35 ~ 45℃

> 식빵의 굳기 방지와 품질 유지를 위해 포장의 적정 온도는 35 ~ 40℃ 범위가 적합하다.

22

빵 포장의 목적으로 부적합한 것은?

① 상품의 가치 향상
② 빵의 저장성 증대
③ 수분 증발 촉진
④ 빵의 미생물 오염 방지

> 포장은 수분 증발을 억제하고 노화를 지연시켜 신선도를 유지하는 것이 목적이므로, 수분 증발 촉진은 부적합하다.

23

발효가 지나친 반죽으로 빵을 구웠을 때의 제품 특성이 아닌 것은?

① 체적이 적다.
② 제품의 조직이 고르다.
③ 신 냄새가 있다.
④ 빵의 껍질 색이 밝다.

> 발효가 과도하면 조직이 불균일해지고 기공이 거칠어지며, 체적 감소와 신 냄새가 발생한다.

24

제빵에서 쇼트닝의 가장 중요한 기능은?

① 윤활작용
② 유단백질의 완충작용
③ 글루텐 강화
④ 자당, 포도당 분해

> 쇼트닝은 반죽의 글루텐 형성을 억제하고 부드러운 질감을 부여하는 윤활작용이 가장 큰 기능이다.

25
다음 중 이당류가 아닌 것은?

① 포도당
② 맥아당
③ 설탕
④ 유당

> 포도당은 단당류에 속하며, 이당류에는 맥아당·설탕·유당 등이 있다.

26
제빵에서 설탕을 사용하는 목적과 가장 거리가 먼 것은?

① 효모의 번식
② 유해균의 발효 억제
③ 빵 표피의 착색
④ 노화 방지

> 설탕은 효모의 영양원으로 작용하고 색과 풍미를 형성하며 보습 효과를 통해 노화를 지연시키지만, 유해균의 발효를 억제하기 위한 목적으로는 사용되지 않는다.

27
다음 중 빵의 노화속도가 가장 빠른 온도는?

① 21~35℃
② 0~8℃
③ 15~20℃
④ -18℃ 이하

> 빵의 노화는 냉장 온도(0~8℃)에서 가장 빠르게 진행된다. 이는 전분의 노화속도가 이 온도 범위에서 최대가 되기 때문이다. 따라서 장기 보관 시에는 냉동 보관이 더 적합하다.

28
다음 중 하스브레드의 종류로 옳지 않은 것은?

① 베이글빵
② 불란서빵
③ 비엔나빵
④ 아이리시빵

> 하스브레드는 철판이나 틀을 사용하지 않고 오븐의 하스에 직접 얹어 구운 빵을 말한다. 대표적으로 불란서빵, 비엔나빵, 아이리시빵 등이 속한다.

29
냉동반죽법의 냉동과 해동 방법으로 옳은 것은?

① 급속냉동, 급속해동
② 급속냉동, 완만해동
③ 완만냉동, 완만해동
④ 완만냉동, 급속해동

> 급속냉동은 반죽 내 수분 결정의 크기를 최소화하여 품질을 유지하고, 완만해동은 제품의 조직 손상을 줄여준다.

30
제빵 시 믹싱(Mixing)의 목적과 거리가 먼 것은?

① 글루텐 형성
② 재료의 균일한 혼합
③ 충분한 수화(Hydration)
④ 팽창

> 믹싱의 목적은 글루텐 형성과 재료의 균일한 혼합, 충분한 수화에 있으며, 팽창은 발효과정에서 이루어진다.

31

반죽을 팬에 넣기 전에 팬에서 제품이 잘 떨어지게 하기 위하여 이형유를 사용하는데 그 설명으로 틀린 것은?

① 이형유는 발연점이 높은 것을 사용해야 한다.
② **이형유의 사용량은 반죽 무게의 5% 정도이다.**
③ 이형유는 고온이나 산패에 안정해야 한다.
④ 이형유의 사용량이 많으면 튀김현상이 나타난다.

> 이형유 사용량은 반죽 무게의 약 0.1~0.2%가 적정하며, 5%는 과다하여 품질에 악영향을 준다.

32

이스트의 기능이 아닌 것은?

① 반죽 숙성
② 팽창 역할
③ 향 형성
④ **윤활 역할**

> 이스트는 발효를 통해 반죽의 팽창을 돕고 향 형성과 반죽 숙성에 관여하지만, 윤활 역할은 하지 않는다.

33

체내에서 지질의 주된 기능은?

① 골격 형성
② 조혈작용
③ **에너지 발생**
④ 대사작용 조절

> 지질은 1g당 9kcal의 고농도 에너지원으로, 주로 에너지 생성에 이용된다.

34

튀김용 기름이 발연점 이상이 되면 눈물과 악취를 유발하는 물질은?

① 모노글리세라이드
② 글리세린
③ **아크롤레인 및 저급지방산**
④ 고급지방산

> 유지가 발연점 이상에서 분해되어 생성되는 아크롤레인(아크릴알데히드)은 자극성과 독성을 지닌 물질로, 눈물과 악취를 유발한다.

35

단당류의 성질에 대한 설명 중 틀린 것은?

① 물에 용해되어 단맛을 가진다.
② **산화되어 다양한 알코올을 생성한다.**
③ 분자 내의 카르보닐기에 의해 환원성을 가진다.
④ 선광성이 있다.

> 단당류는 산화되면 알데하이드나 산이 되며, 다양한 알코올은 환원 반응을 통해 생성된다.

36

분유의 용해도에 영향을 주는 요소로 볼 수 없는 것은?

① 건조방법
② 원유의 신선도
③ 저장기간
④ **단백질 함량**

> 분유의 용해도에는 단백질 함량보다 건조방법, 원유 상태, 저장기간 및 조건이 직접적인 영향을 미친다.

37
오븐에서 구운 빵을 냉각할 때 평균적으로 몇 %의 수분손실이 추가 발생하는가?

① 2%
② 5%
③ 7%
④ 9%

> 통상적으로 오븐에서 구운 빵을 냉각할 때는 평균 2~3%의 수분 손실이 발생한다.

38
오븐 내에서 뜨거워진 공기를 강제 순환시키는 열전달 방식은?

① 전도
② 대류
③ 복사
④ 전환

> 뜨거워진 공기를 순환시켜 열을 전달하는 방식을 대류라 한다.

39
일반적으로 화농성 질환 또는 식중독의 원인이 되는 병원성 포도상구균은?

① 적색 포도상구균
② 표피 포도상구균
③ 황색 포도상구균
④ 백색 포도상구균

> 황색 포도상구균은 피부 화농성 질환과 식중독의 주요 원인균으로, 주로 독소형 식중독을 유발한다. 이 독소는 내열성이 있어 가열해도 쉽게 파괴되지 않는다.

40
다음 중 폐디스토마의 제1중간 숙주는?

① 붕어
② 다슬기
③ 소고기
④ 배추

> 폐디스토마의 제1중간 숙주는 다슬기이고, 제2중간 숙주는 민물게·가재로, 이를 매개로 인체 감염이 발생한다.

41
식품첨가물의 규격과 사용기준을 정하는 자는?

① 시·도 보건연구소장
② 국립보건연구원장
③ 식품의약품안전처장
④ 시·군 보건소장

> 식품첨가물의 규격과 사용기준은 식품의약품안전처장이 법령에 따라 정한다.

42
경구 감염병의 예방대책으로 잘못된 것은?

① 환자 및 보균자의 발견과 격리
② 음용수의 위생 유지
③ 식품취급자의 개인위생 관리
④ 숙주 감수성 유지

> 경구 감염병 예방에서는 숙주의 감수성을 줄이는 것이 중요하므로, 감수성을 유지하는 것이 아니라 감소시켜야 한다.

43

다음 중 동물 간의 접촉에 의한 감염성이 없는 것은?

① 광우병
② 조류독감
③ 세균성 이질
④ 구제역

> 광우병은 프리온 단백질에 의한 질환으로, 감염성이 매우 제한적이며 주로 오염된 사료를 통해 전파된다.

44

발효에 직접적으로 영향을 주는 요소와 가장 거리가 먼 것은?

① 이스트의 양
② 반죽 온도
③ pH
④ 달걀의 신선도

> 달걀의 신선도는 발효에 직접적인 영향을 주지 않는다.

45

구워낸 케이크 제품이 너무 딱딱한 경우 그 원인으로 틀린 것은?

① 밀가루의 단백질 함량이 너무 많을 때
② 배합비에서 설탕의 비율이 높을 때
③ 높은 오븐 온도에서 구웠을 때
④ 장시간 굽기를 했을 때

> • 케이크가 딱딱해지는 원인으로는 강력분 사용(단백질 함량 증가), 고온·장시간 굽기, 설탕량 부족 등이다.
> • 설탕은 연화작용을 하므로 설탕 비율이 높으면 오히려 케이크는 부드럽다.

46

믹서(Mixer)의 회전속도가 반죽의 발효시간에 미치는 영향 중 가장 옳은 것은?

① 고속으로 배합된 반죽이나 저속으로 배합된 반죽은 발효시간과는 무관하다.
② 고속 및 저속으로 배합된 반죽은 발효시간과 무관하나 중간 발효에서 다소 차이가 있다.
③ 고속으로 배합된 반죽이 저속으로 배합된 반죽보다 발효시간이 약간 짧아진다.
④ 고속으로 배합된 반죽이 저속으로 배합된 반죽보다 발효시간이 약간 길어진다.

> 고속으로 배합된 반죽은 글루텐 형성을 촉진하고 반죽 온도를 빠르게 높여 발효시간을 단축시킨다.

47

다음 중 이스트가 오븐 내에서 사멸되기 시작하는 온도는?

① 80℃
② 40℃
③ 60℃
④ 100℃

> 이스트는 약 60℃에서 사멸되기 시작한다.

48

냉동반죽법에서 반죽의 냉동온도와 저장온도로 가장 적합한 것은?

① 냉장온도 -40℃, 저장온도 -25 ~ -18℃
② 냉장온도 -5℃, 저장온도 0 ~ 4℃
③ 냉장온도 -80℃, 저장온도 -18 ~ 0℃
④ 냉장온도 -20℃, 저장온도 -18 ~ 0℃

> 냉동반죽은 -40℃에서 급속냉동한 후, 저장온도를 -25 ~ -18℃로 유지하는 것이 품질 유지에 적합하다.

49

냉동반죽법에서 믹싱 후 1차 발효시간으로 가장 적합한 것은?

① 110 ~ 120분
② 80 ~ 90분
③ 50 ~ 60분
④ 0 ~ 20분

> 냉동반죽은 믹싱 직후 바로 급속냉동하기 때문에 1차 발효를 거의 진행하지 않는다.

50

다음 중 연속식 제빵법의 특징이 아닌 것은?

① 발효손실 감소
② 설비 및 설비공간, 설비면적 감소
③ 노동력 감소
④ 일시적 기계구입 비용의 경감

> 연속식 제빵법은 초기 설비 투자 비용이 크기 때문에 일시적 기계 구입 비용을 경감할 수 없다.

51

유지의 도움으로 흡수, 운반되는 비타민으로만 구성된 것은?

① 비타민 B, C, E, K
② 비타민 A, B, C, D
③ 비타민 A, B, C, K
④ 비타민 A, D, E, K

> 지용성 비타민인 A, D, E, K는 지방과 함께 흡수되며, 체내에 저장이 가능하다.

52

다음 중 제빵에 분유를 사용해야 하는 경우로 가장 적당한 것은?

① 디아스타제 대신 사용하고자 할 때
② 필수아미노산인 라이신과 칼슘이 부족할 때
③ 표피 색깔이 너무 빨리 날 때
④ 이스트 푸드 대신 사용하고자 할 때

> 분유는 단백질과 칼슘, 라이신을 공급하여 영양을 강화하고 제빵 품질을 개선한다.

53

비타민과 생체에서의 주요 기능이 잘못 연결된 것은?

① 비타민 K - 항 혈액응고 인자
② 나이아신 - 항 펠라그라(Pellagra) 인자
③ 비타민 A - 항빈혈 인자
④ 비타민 B_1 - 당질대사의 보조 효소

> 비타민 A는 시각 유지와 점막 보호에 중요하며, 항빈혈 인자는 비타민 B_{12}나 엽산이다.

54

밀가루의 탄수화물 중 그 함유량이 가장 많은 것은?

① 아밀로오스
② 아밀로펙틴
③ 셀룰로오스
④ 펜토산

> 밀가루 전분의 대부분은 아밀로펙틴으로, 전분 입자의 점성과 구조 형성에 기여한다.

55

세균, 곰팡이, 효모, 바이러스의 일반적 성질에 대한 설명 중 옳은 것은?

① 효모는 주로 분열법으로 그 수를 늘리며 식품 부패에 가장 많이 관여하는 미생물이다.
② **곰팡이는 주로 포자에 의하여 수를 늘리며 빵, 밥 등의 부패에 많이 관여하는 미생물이다.**
③ 바이러스는 주로 출아법으로 수를 늘리며 식품의 부패에 관여하는 미생물이다.
④ 세균은 주로 출아법으로 그 수를 늘리며 술 제조에 많이 사용한다.

- 곰팡이는 포자를 형성하여 번식하며, 주로 빵·밥 등 탄수화물 함량이 높은 식품의 부패에 관여한다.
- 효모는 출아법으로 번식하며, 술·발효 식품에 많이 사용된다.
- 바이러스는 독립적으로 증식하지 못하고 세포 내에 기생하며, 식품의 부패에 직접적으로 관여하지는 않는다.
- 세균은 이분법으로 증식한다.

56 빈출

제2급 감염병으로 소화기계 감염병인 것은?

① 결핵
② 독감
③ **장티푸스**
④ 화농성 피부염

장티푸스는 살모넬라균에 의한 소화기계 감염병으로, 법정 감염병상 제2급에 해당한다.

57

장티푸스에 대한 일반적인 설명으로 잘못된 것은?

① 앓고 난 뒤 강한 면역이 생긴다.
② 잠복기간은 7 ~ 14일이다.
③ 사망률은 10 ~ 20%이다.
④ **예방할 수 있는 백신은 개발되어 있지 않다.**

장티푸스는 예방 백신이 개발되어 있어 접종 가능하다.

58

판 젤라틴을 전처리하기 위한 물의 온도로 알맞은 것은?

① 30 ~ 40℃
② 80 ~ 90℃
③ **10 ~ 20℃**
④ 60 ~ 70℃

판 젤라틴은 저온의 물(10 ~ 20℃)에 불려 전처리한 후 사용한다.

59 빈출

유지의 가소성은 그 구성성분 중 주로 어떤 물질의 종류와 양에 의해 결정되는가?

① 토코페롤
② 콜레스테롤
③ **트리글리세이드**
④ 유리지방산

유지의 가소성은 주로 트리글리세이드에 의해 결정된다.

60 빈출

반죽형 케이크의 믹싱방법 중 유지와 설탕을 먼저 믹싱하는 것은?

① 설탕/물법
② 블렌딩법
③ 1단계법
④ **크림법**

크림법은 버터(유지)와 설탕을 먼저 휘핑해 공기를 머금게 한 후, 달걀과 가루를 넣어 구조와 기포를 만드는 방법이다.

2021년 CBT 기출복원문제

01
굽기를 할 때 갈색화반응을 가장 잘 일으키는 당은?

① 갈락토오스
② 만노오스
③ 포도당
④ 과당

> 과당은 환원당 중 반응성이 높고, 낮은 온도에서도 캐러멜화와 마이야르 반응이 빠르게 진행되어 갈변이 가장 잘 일어난다.

02
파이 제조 시 필수재료가 아닌 것은?

① 소금
② 밀가루
③ 유지
④ 달걀

> 파이의 기본 필수재료는 밀가루, 지방, 물, 소금이며, 달걀은 선택 재료로 풍미나 색을 보강할 때 쓰인다.

03
감미만을 고려할 때 설탕 100g을 포도당으로 대치한다면 약 얼마를 사용하는 것이 좋은가?

① 130g
② 100g
③ 170g
④ 75g

> 포도당은 설탕보다 감미도가 낮아 동일한 단맛을 내기 위해 더 많은 양이 필요하다. 일반적으로 설탕 대비 약 1.3배의 양을 사용한다.

04
함께 사용한 재료들에 향미를 제공하고 껍질 색 형성을 빠르게 하여 색상을 진하게 하는 것은?

① 유화제
② 소금
③ 지방
④ 우유

> 소금은 빵 반죽에 풍미를 더하고, 글루텐 조직을 조여 빵의 껍질 색 형성을 빠르게 하여 진하게 만든다. 또한 발효속도를 조절하는 역할도 한다.

05
필수지방산의 기능이 아닌 것은?

① 세포막의 구조적 성분이다.
② 머리카락, 손톱의 구성 성분이다.
③ 혈중 콜레스테롤을 감소시킨다.
④ 뇌와 신경조직, 시각기능을 유지시킨다.

> 필수지방산은 세포막 구성, 콜레스테롤 감소, 뇌·시각기능 유지 등에 중요하지만, 머리카락·손톱의 주성분은 케라틴 단백질이다.

06
다음 중 점도계가 아닌 것은?

① 브룩필드(Brookfield) 점도계
② 맥마이켈(MacMichael) 점도계
③ 비스코아밀로그래프(Viscoamylograph)
④ 익스텐소그래프(Extensograph)

> 익스텐소그래프는 반죽의 신장성과 저항성을 측정하는 기기로, 점도계는 아니다.

07

제빵에서 글루텐을 강하게 하는 것은?

① 우유
② 전분
③ 맥아
④ **산화제**

> 산화제(예 아스코르빈산)는 글루텐 결합을 강화하여 반죽의 가스 보유력을 높인다.

08

유지의 항산화 보완제로 가장 적당하지 않은 것은?

① 주석산
② **염산**
③ 구연산
④ 아스코르빈산

> 유지의 항산화 보완제는 산화 억제를 위해 유기산(주석산, 구연산, 아스코르빈산)을 사용하지만, 강산인 염산은 식품에 부적합하다.

09

열대성 다년초의 다육질 뿌리로, 매운맛과 특유의 방향을 가지고 있는 향신료는?

① 넛메그
② **생강**
③ 올스파이스
④ 계피

> - 생강은 진저롤(gingerol) 성분으로 매운맛과 특유의 향을 가지며, 생것·건조·분말 등 다양한 형태로 사용된다.
> - 계피 : 나무껍질을 건조하여 만든 향신료로, 케이크, 쿠키, 크림 등 과자류나 빵류에 많이 사용한다.
> - 넛메그 : 넛메그와 메이스는 하나의 종자에서 얻을 수 있고, 넛메그의 종자를 감싸고 있는 빨간 껍질을 말린 것이 메이스이다. 넛메그는 단맛의 향기가 있고, 튀김제품의 기름 냄새를 제거하는 데에도 활용된다.
> - 올스파이스 : 올스파이스나무의 열매를 익기 전에 말린 것으로, 자메이카 후추라고도 하며, 카레나 파이 등에 사용된다.

10

다음 중 코팅용 초콜릿이 갖추어야 하는 성질은?

① 융점이 겨울에는 낮고, 여름에는 높은 것
② 융점이 항상 높은 것
③ 융점이 겨울에는 높고, 여름에는 낮은 것
④ 융점이 항상 낮은 것

> 코팅 초콜릿은 계절에 따라 융점을 달리 설정해야 작업성과 품질을 유지할 수 있다. 여름에는 높은 융점으로 녹는 것을 방지하고, 겨울에는 낮은 융점으로 부드러운 식감을 준다.

11

미나마타(minamata)병의 원인 물질은?

① **수은(Hg)**
② 납(Pb)
③ 카드뮴(Cd)
④ 구리(Cu)

> 미나마타병은 메틸수은과 같은 유기수은이 체내에 흡수되면 지용성이어서 혈뇌장벽과 태반을 쉽게 통과하고, 중추신경계를 선택적으로 손상시킨다. 체내에서 생물농축으로 축적되며 감각이상, 운동실조 등 신경증상을 일으킨다.

12

식품첨가물의 안전성 시험과 가장 거리가 먼 것은?

① 급성 독성 시험법
② **맹독성 시험법**
③ 아급성 독성 시험법
④ 만성 독성 시험법

> 맹독성 시험법은 치사량이 극히 낮은 고독성 물질의 독성 평가에 사용되며, 일반적인 식품첨가물 안전성 검증과는 거리가 있다. 식품첨가물 안전성 평가는 주로 급성, 아급성, 만성 독성 시험법을 활용한다.

13 ⭐빈출

빵, 과자 제조 시 첨가하는 팽창제가 아닌 것은?

① 염화암모늄
② 암모늄명반
③ **프로피온산나트륨**
④ 탄산수소나트륨

> 프로피온산나트륨은 주로 곰팡이 억제 및 방부 목적으로 사용되는 식품첨가물로, 팽창 반응을 일으키지 않으므로 팽창제로 분류되지 않는다. 팽창제는 주로 열 분해 시 이산화탄소나 암모니아를 발생시키는 물질을 사용한다.

14

쿠키가 잘 퍼지지 않는 이유가 아닌 것은?

① 고운 입자의 설탕 사용
② 너무 높은 굽기 온도
③ **알칼리 반죽 사용**
④ 과도한 믹싱

> - 알칼리 반죽(예 베이킹소다 과다)은 pH를 높여 색과 맛에 영향을 주지만 퍼짐성 자체를 억제하지는 않는다.
> - 쿠키가 잘 퍼지지 않는 주된 원인은 낮은 설탕 입도, 높은 굽기 온도, 과도한 믹싱(글루텐 형성 촉진) 등이 있다.

15

케이크 제조 시의 재료 사용 상관관계로 잘못된 것은?

① 크림성이 좋은 쇼트닝 증가 → 베이킹파우더 감소
② 밀가루의 강력도 증가 → 베이킹파우더 증가
③ **분유 사용량 증가 → 베이킹파우더 감소**
④ 달걀 증가 → 베이킹파우더 감소

> 분유 사용량이 증가하면 반죽의 밀도가 높아져 발효 팽창이 어렵기 때문에 오히려 베이킹파우더를 늘려야 하는 경우가 많다. 따라서 베이킹파우더를 감소시키는 것은 잘못된 상관관계.

16 ⭐빈출

슈 제조 시 반죽 표면을 분무 또는 침지를 시키는 이유가 아닌 것은?

① 껍질을 얇게 한다.
② 기형을 방지한다.
③ 팽창을 크게 한다.
④ **제품의 구조를 강하게 한다.**

> 슈 제조 시 반죽 표면에 수분을 주는 이유는 팽창을 돕고, 껍질을 얇게 하며, 기형을 방지하기 위한 것이지, 구조 강화를 위한 것은 아니다.

17 ⭐빈출

식빵 배합을 할 때 반죽의 온도 조절에 가장 크게 영향을 미치는 원료는?

① **물**
② 설탕
③ 이스트
④ 밀가루

> 물은 전체 반죽에 열을 빠르게 전달하며, 사용량이 많기 때문에 온도에 미치는 영향이 크다. 따라서 반죽 온도는 주로 물의 온도로 조절된다.

18 ⭐빈출

다음 제품 중 일반적으로 비중이 가장 낮은 것은?

① **스펀지 케이크**
② 파운드 케이크
③ 과일 케이크
④ 레이어 케이크

> 스펀지 케이크는 달걀 거품의 공기 함량으로 부풀리므로 비중이 가장 낮다. 반면 파운드 케이크나 과일 케이크는 유지와 설탕 함량이 높아 비중이 높다.

19

냉각 손실에 대한 설명 중 틀린 것은?

① 식히는 동안 수분 증발로 무게가 감소한다.
② 상대습도가 높으면 냉각 손실이 작다.
③ 여름철보다 겨울철이 냉각 손실이 크다.
④ 냉각 손실은 5% 정도가 적당하다.

> 일반적으로 빵의 냉각 손실은 2~3%가 적당하며, 5%는 과다하여 품질 저하를 초래하므로 적절한 관리가 필요하다.

20

일반적으로 빵의 노화현상에 따른 변화(staling)와 거리가 먼 것은?

① 수분손실
② 향의 손실
③ 곰팡이 발생
④ 전분의 경화

> - 곰팡이 발생은 미생물 오염으로 인한 부패 현상이며, 빵의 '노화'와는 구분된다.
> - 노화는 전분의 재결정화로 인해 촉감과 풍미가 저하되는 물리적 변화를 말한다.

21

빵 제조 시 연수를 사용할 경우 적절한 조치는?

① 끓여서 여과
② 약산 처리
③ 이스트 푸드양 증가
④ 소금양 감소

> 연수는 미네랄이 부족해 발효가 약해질 수 있으므로, 이스트 푸드로 영양분을 보완한다.

22

발효가 지나친 반죽으로 빵을 구웠을 때의 제품 특성이 아닌 것은?

① 제품의 조직이 고르다.
② 신 냄새가 있다.
③ 빵의 껍질 색이 밝다.
④ 체적이 적다.

> 과발효 반죽은 글루텐이 약해져 가스 보유력이 떨어지고 체적이 감소하며, 조직이 불균일해진다. 또한 산 생성으로 신 냄새가 나고, 설탕 소비로 인해 껍질 색이 옅어진다.

23

분할을 할 때 반죽의 손상을 줄일 수 있는 방법이 아닌 것은?

① 스트레이트법보다 스펀지법으로 반죽한다.
② 반죽 온도를 높인다.
③ 가스량이 최적인 상태의 반죽을 만든다.
④ 단백질 양이 많은 질 좋은 밀가루로 만든다.

> - 반죽 온도를 높이면 글루텐이 약해지고 발효가 빨라져 손상 가능성이 커진다.
> - 반죽 손상 방지를 위해서는 스펀지법 사용, 가스량 적정 유지, 강력분 사용이 유리하다.

24

달걀의 흰자 540g을 얻으려고 한다. 달걀 한 개의 평균 무게가 60g이라면 몇 개의 달걀이 필요한가?

① 20개
② 25개
③ 15개
④ 10개

> - 달걀 한 개의 평균 무게 = 60g → 540g ÷ 60g = 9
> - 흰자만 필요하므로 전체 중 흰자가 차지하는 비율(약 60%)을 고려해야 한다.
> - 따라서 540g ÷ (60g × 0.6) = 15개가 필요하다.

25

시유의 수분함량은 약 얼마인가?

① 78%
② 95%
③ 12%
④ 87%

> 시유(우유)는 수분이 약 87%를 차지하며, 나머지는 지방, 단백질, 유당, 무기질 등으로 구성된다. 이는 일반적인 생우유의 평균 수분 함량 수치이다.

26

단백질을 분해하는 효소는?

① 아밀라아제(amylase)
② 프로테아제(protease)
③ 치마아제(zymase)
④ 리파아제(lipase)

> - 프로테아제(protease)는 단백질 분해효소로, 펩타이드 결합을 절단하여 아미노산 또는 작은 펩타이드로 분해한다.
> - 아밀라아제는 탄수화물, 리파아제는 지방, 치마아제는 당 발효에 관여한다.

27

제과제빵용 건조 재료와 팽창제, 유지 재료를 알맞은 배합으로 균일하게 혼합한 원료는?

① 팽창제
② 밀가루 개량제
③ 향신료
④ 프리믹스

> 프리믹스는 밀가루에 팽창제, 유지, 설탕 등을 미리 혼합한 제품으로, 생산 공정을 단순화하고 품질을 균일하게 유지한다.

28

병원성 대장균 식중독의 가장 적합한 예방책은?

① 어류 내장을 제거하고 충분히 세척한다.
② 건강보균자나 환자의 분변 오염을 방지한다.
③ 곡류 수분을 10% 이하로 조정한다.
④ 어패류를 민물로 깨끗이 씻는다.

> 병원성 대장균은 주로 분변 오염으로 전파되므로 위생관리가 핵심이다.

29

식중독균 중 잠복기가 가장 짧은 것은?

① 보툴리누스균
② 살모넬라균
③ 포도상구균
④ 장염 비브리오균

> 포도상구균 식중독의 잠복기는 1~6시간으로 매우 짧다.

30

제과에서 많이 사용되는 우유의 위생과 관련된 설명 중 옳은 것은?

① 사료나 환경으로부터 유해 화학물질이 전달될 수 있다.
② 저온살균 후에도 세균이 남는다.
③ 열처리된 우유는 위생상 문제가 없다.
④ 포도상구균을 기준으로 저항성을 평가한다.

> 젖소의 사육환경, 특히 사료·수질에 따라 화학적 위해가 우유로 전달될 수 있다.

31

포도상구균이 생산하는 독소는?

① 뉴로톡신
② **엔테로톡신**
③ 솔라닌
④ 테트로도톡신

> 엔테로톡신은 내열성 독소로, 포도상구균 식중독의 주원인이다.

32

도넛에서 발한을 제거하는 방법은?

① 도넛에 묻히는 설탕의 양을 감소시킨다.
② **튀김 시간을 증가시킨다.**
③ 기름을 충분히 예열시킨다.
④ 결착력이 없는 기름을 사용한다.

> 발한 현상은 내부 수분이 완전히 증발하지 않아 표면에 맺히는 현상으로, 충분한 튀김 시간을 통해 내부까지 열이 고르게 전달되면 방지할 수 있다.

33

일반 스트레이트법으로 만든 빵을 비상 스트레이트법으로 만들 때 필수적으로 조치할 사항이 잘못된 것은?

① 가스량, 설탕량을 1/3씩 감소시킨다.
② 이스트를 2배로 증가시킨다.
③ **반죽 시간을 20 ~ 25% 감소시킨다.**
④ 반죽 온도를 30℃로 올린다.

> 비상 스트레이트법에서는 발효를 빠르게 하기 위해 이스트양을 늘리고 반죽 온도를 높이나, 반죽 시간을 줄이는 것은 바람직하지 않다. 충분한 글루텐 형성을 위해 적정 시간을 유지해야 한다.

34

스펀지 케이크 제조 시 더운 믹싱방법을 사용할 때 달걀과 설탕의 중탕 온도로 가장 적당한 것은?

① 63℃
② **43℃**
③ 83℃
④ 23℃

> 더운 믹싱법에서는 달걀과 설탕을 약 43℃까지 중탕하여 거품 형성을 용이하게 하고 부피를 최대화한다. 그러나 너무 높은 온도는 단백질 변성을 촉진해 거품이 불안정해진다.

35

일반적인 스펀지/도우법에서 가장 적당한 스펀지 온도는?

① 12 ~ 15℃
② 18 ~ 20℃
③ 29 ~ 32℃
④ **23 ~ 25℃**

> 스펀지/도우법은 1차 발효(스펀지 단계)에서 적정 온도를 유지해야 효모 활동이 안정적이고 글루텐 발달이 원활하다. 일반적으로 23 ~ 25℃가 가장 적합하며, 온도가 너무 낮으면 발효가 지연되고, 너무 높으면 과발효로 품질이 저하된다.

36

제빵 시 정량보다 설탕을 적게 사용하였을 때의 결과 중 잘못된 것은?

① 속결이 거칠다.
② 부피가 적다.
③ **색상이 검다.**
④ 모서리가 둥글다.

> 설탕을 적게 사용하면 단맛이 감소하고 보습력이 낮아져 빵의 부피가 줄고 속결이 거칠어지며, 색상은 오히려 연해진다. 색상이 검게 변하는 것은 설탕이 많아 마이야르 반응이 강하게 일어날 때 나타나는 현상이다.

37

분할기에 의한 기계식 분할 시 분할의 기준이 되는 것은?

① 무게
② 배합율
③ **부피**
④ 모양

> 기계식 분할에서는 반죽의 부피를 기준으로 균일하게 나누어야 발효와 구움 과정에서 제품 크기와 형태가 일정하게 유지된다.

38

반죽 과정 중 탄력성이 약해지고 신장성이 최대가 되는 단계는?

① **렛 다운 단계**
② 발전 단계
③ 브레이크 다운 단계
④ 최종 단계

> 렛 다운 단계는 글루텐이 적당히 발달하여 신장성이 극대화되고 탄력성이 다소 줄어드는 시점으로, 성형과 발효에 적합한 상태이다.

39

베이커스 퍼센트(Baker's percent)에서 기준이 되는 재료는?

① 달걀
② 물
③ **밀가루**
④ 이스트

> 베이커스 퍼센트는 밀가루의 중량을 100%로 기준으로 하여 다른 모든 재료의 중량 비율을 계산하는 제빵 표준 방식이다.

40

달걀이 오래되면 어떠한 현상이 나타나는가?

① 비중이 무거워진다.
② **점도가 감소한다.**
③ 기실이 없어진다.
④ pH가 떨어져 산패된다.

> 달걀을 오래 저장하면 난백의 점도가 감소하고, 난황막이 약해져 형태가 무너진다. 이는 단백질 구조가 변성되고 수분이 이동하기 때문이다.

41

어느 성분이 달걀 흰자에 있어 달걀 제품을 은제품에 담았을 때 검은색으로 변하는가?

① 아이오딘
② 인
③ **황**
④ 아연

> 달걀 흰자에는 황화합물이 있어 금속, 특히 은과 반응하면 황화은(Ag_2S)이 형성되어 검게 변색된다.

42

과실이 익어감에 따라 어떤 효소의 작용에 의해 수용성 펙틴이 생성되는가?

① 브로멜린
② 펙틴리가아제
③ **프로토펙틴 가수분해효소**
④ 아밀라아제

> 과실이 숙성되면서 프로토펙틴이 가수분해되어 수용성 펙틴으로 변하며, 이로 인해 과육이 부드러워진다.

43

빵, 과자 중에 많이 함유된 탄수화물이 소화, 흡수되어 수행하는 기능이 아닌 것은?

① 분해되면 포도당이 생성된다.
② 뼈를 자라게 한다.
③ 단백질 절약 작용을 한다.
④ 에너지를 공급한다.

> 탄수화물은 주 에너지원이며, 단백질 절약 작용과 뇌·신경계 기능 유지에 관여하지만 뼈 성장에는 직접적인 영향을 미치지 않는다. 뼈 성장은 주로 칼슘, 인, 단백질, 비타민 D와 관련된다.

44 빈출

당류의 캐러멜화가 진행되어 색이 변하기 시작하는 온도로 가장 적합한 것은?

① 100℃
② 140℃
③ 160℃
④ 185℃

> 캐러멜화로 인한 색 변화가 시작되는 온도는 보통 160~180℃이므로, 160℃가 보기 중 가장 적합하다.

45

이스트 푸드 성분 중 물 조절제로 사용되는 것은?

① 이스트
② 전분
③ 칼슘염
④ 황산암모늄

> 이스트 푸드의 성분 중 칼슘염은 반죽의 수분 결합력을 높여 물 조절제로 작용하며, 글루텐 구조를 강화해 발효 안정성과 제품 품질을 향상시킨다.

46 빈출

다음은 유해금속과 식품용기의 관계이다. 잘못 연결된 것은?

① 납 - 도자기
② 주석 - 유리식기
③ 카드뮴 - 법랑
④ 구리 - 놋그릇

> 주석은 주로 도금이나 금속 용기에 사용되며, 유리식기와는 관련이 없다. 유리식기에는 납, 카드뮴 등의 유해금속이 혼입될 수 있으나 주석과는 직접적 연관이 없다.

47 빈출

동물에게 유산을 일으키며 사람에게는 열병을 나타내는 인수공통감염병은?

① 리스테리아증
② 브루셀라증
③ 돈단독
④ 탄저병

> 브루셀라증은 동물에게 유산을 유발하며, 사람에게는 파상열(undulant fever) 형태의 발열을 일으키는 대표적인 인수공통감염병이다.

48 빈출

세균성 식중독과 비교하여 경구 감염병의 특성이 아닌 것은?

① 미량의 균으로도 감염된다.
② 음용수로 인해 감염된다.
③ 2차 감염이 빈번하다.
④ 비교적 잠복기가 짧다.

> 경구 감염병은 세균성 식중독보다 잠복기가 긴 경우가 많으며, 잠복기가 짧다는 특성은 식중독에 해당한다.

49
다음 중 음식물을 매개로 전파되지 않는 것은?

① 장티푸스
② 이질
③ 콜레라
④ 광견병

> 광견병은 주로 동물의 침을 통해 전파되며, 음식물을 통한 감염 사례는 없다. 나머지 질병들은 오염된 음식이나 물로 전파될 수 있다.

50
빵이나 카스텔라 등을 부풀게 하기 위해 첨가하는 합성 팽창제(baking powder)의 주성분은?

① 탄산나트륨
② 탄산수소나트륨
③ 탄산칼슘
④ 염화나트륨

> 탄산수소나트륨(중조, 베이킹소다)은 열과 산에 의해 이산화탄소를 발생시켜 반죽을 부풀게 하는 역할을 한다.

51
반죽형 쿠키를 구울 팬에 제품이 달라붙게 되는 이유로서 부적당한 것은?

① 강력분 사용
② 팬의 청결 부족
③ 설탕 용해 부족
④ 깊은 반죽 사용

> 반죽형 쿠키를 구울 팬에 제품이 달라붙는 주된 원인은 팬 표면의 기름 코팅 부족, 청결 불량, 설탕 용해 불량 등이다. 강력분 사용은 조직과 식감에는 영향을 줄 수 있으나, 팬에 달라붙는 주된 원인은 아니다.

52
커스터드 크림의 재료에 속하지 않는 것은?

① 달걀
② 생크림
③ 우유
④ 설탕

> 커스터드 크림은 기본적으로 우유, 설탕, 달걀 노른자로 만들며, 농도를 위해 전분을 첨가하기도 한다. 생크림은 커스터드가 아닌 휘핑크림이나 무스류에서 주로 사용된다.

53
블렌딩법(Blending method)은 어떤 재료를 먼저 배합하는 방법인가?

① 쇼트닝과 설탕
② 밀기루와 쇼트닝
③ 달걀과 밀가루
④ 물과 밀가루

> 블렌딩법은 밀가루와 지방(쇼트닝)을 먼저 혼합하여 글루텐 형성을 억제하는 방법으로, 파이 크러스트나 비스킷처럼 바삭한 식감을 원하는 제품에 사용된다.

54
빵의 부피와 가장 관련이 깊은 것은?

① 소맥분의 전분 함량
② 소맥분의 수분 함량
③ 소맥분의 회분 함량
④ 소맥분의 단백질 함량

> 빵의 부피는 글루텐 형성 능력에 크게 좌우되며, 이는 소맥분의 단백질 함량과 밀접한 관련이 있다. 단백질 함량이 높을수록 글루텐 형성이 좋아져 발효 시 가스를 잘 가두어 부피가 커진다.

55

빵을 구웠을 때 갈변이 되는 것은 어느 반응에 의해서인가?

① 효모에 의한 갈색(brown) 반응에 의하여
② **마이야르(maillard) 반응과 캐러멜화 반응이 동시에 일어나서**
③ 비타민 C의 산화에 의하여
④ 클로로필(chlorophyll) 반응에 의하여

> 빵의 갈변은 주로 아미노산과 환원당이 반응하는 마이야르 반응과 설탕이 열에 의해 분해되는 캐러멜화 반응이 동시에 진행되며 나타난다. 이 반응들은 색뿐만 아니라 향미 형성에도 기여한다.

56

이스트 푸드의 구성물질 중 pH를 효모의 발육에 가장 알맞은 상태로 조절하는 것은?

① 아이오딘화칼륨
② **인산칼슘**
③ 황산암모늄
④ 브로민산칼륨

> 이스트 푸드의 구성물질 중 인산칼슘은 pH를 조절해 효모의 발육을 돕는 완충작용을 한다.

57

달걀 껍질을 제외한 전란의 고형질 함량은 일반적으로 약 몇 %인가?

① 50% ② 12%
③ 7%   ④ **25%**

> 전란(달걀 내용물)의 약 75%는 수분이며, 나머지 25%가 단백질, 지방, 무기질 등 고형분으로 구성된다.

58

차아염소산나트륨 100ppm은 몇 %를 의미하는가?

① 1%
② 0.1%
③ **0.01%**
④ 0.001%

> - ppm은 백만분의 일을 나타내고, 백분율의 만분의 일이다. 따라서 %에 1만을 곱하면 간단하게 ppm을 구할 수 있다.
> - 100/10,000 = 0.01%

59

제빵용 효모에 의하여 발효되지 않는 당은?

① 맥아당
② 포도당
③ 과당
④ **유당**

> 제빵용 효모는 유당을 분해하는 효소를 가지고 있지 않아 유당을 발효시킬 수 없다.

60

버터에는 우유지방이 약 얼마나 들어 있는가?

① 20%   ② 40%
③ 60%   ④ **80%**

> 일반 버터는 약 80%의 유지방과 16~18%의 수분, 소량의 유고형분으로 구성된다.

2022년 CBT 기출복원문제

01 ⭐빈출

전분의 호화 현상에 대한 설명으로 틀린 것은?

① 알칼리성일 때 호화가 촉진된다.
② 수분이 적을수록 호화가 촉진된다.
③ 전분의 종류에 따라 호화 특성이 달라진다.
④ 전분 현탁액에 적당량의 수산화나트륨(NaOH)을 가하면 가열하지 않아도 호화될 수 있다.

> 전분은 수분이 많을수록 호화가 촉진되며, 수분이 부족하면 전분 입자가 충분히 팽윤되지 않아 호화가 억제된다.

02

달걀에 대한 설명 중 옳은 것은?

① 흰자는 대부분이 물이고 그 다음 많은 성분은 지방질이다.
② 껍질은 대부분 탄산칼슘으로 이루어져 있다.
③ 노른자에 가장 많은 것은 단백질이다.
④ 흰자보다 노른자 중량이 더 크다.

> • 달걀 흰자는 약 88%가 수분으로 구성되어 있으며, 다음으로 많은 성분은 단백질이다.
> • 노른자는 단백질보다 지방 함량이 더 많다.
> • 전체 달걀 중 흰자는 약 60%, 노른자는 약 30%를 차지한다.

03 ⭐빈출

잎을 건조해서 만든 향신료는?

① 넛메그
② 메이스
③ 계피
④ 오레가노

> 오레가노는 잎을 건조한 향신료로, 피자나 파스타에 많이 사용된다.

04 ⭐빈출

껍질을 포함한 무게가 60g인 달걀 1개의 가식부분은 몇 g 정도인가?

① 36g
② 43g
③ 48g
④ 54g

> 달걀은 껍질 10%, 흰자 60%, 노른자 30%로 구성되어 있다. 따라서 60g 달걀에서 껍질 10%를 제외하면 가식부분은 60g × 0.9 = 54g이다.

05

베이킹파우더(Baking Powder)에 대한 설명으로 틀린 것은?

① 베이킹파우더의 팽창력은 이산화탄소에 의한 것이다.
② 케이크나 쿠키를 만드는 데 많이 사용된다.
③ 과량의 산은 반죽의 pH를 높게, 과량의 중조는 pH를 낮게 만든다.
④ 소다가 기본이 되고 여기에 산을 첨가하여 중화가를 맞추어 놓은 것이다.

> • 과량의 산은 반죽의 pH를 낮게, 과량의 중조는 pH를 높게 만든다.
> • 베이킹파우더의 팽창은 산-알칼리 반응으로 발생하는 이산화탄소(CO_2)에 의한 것이다.

06

쥐를 매개체로 감염되는 질병이 아닌 것은?

① 돈단독증
② 쯔쯔가무시병
③ 렙토스피라증
④ 신증후군출혈열(유행성 출혈열)

> 돈단독증은 인수공통감염병으로, 가축의 내장이나 고기를 다룰 때 창상으로 돈단독균이 침입하여 감염된다.

07

다음 중 코팅용 초콜릿이 갖추어야 하는 성질은?

① 융점이 겨울에는 낮고, 여름에는 높은 것
② 융점이 겨울에는 높고, 여름에는 낮은 것
③ 융점이 항상 높은 것
④ 융점이 항상 낮은 것

> 코팅용 초콜릿은 작업성과 품질 유지를 위해 계절에 따라 융점(녹는점)을 조절해야 한다. 겨울철에는 낮은 융점으로 부드러운 식감을 유지하고, 여름철에는 높은 융점으로 쉽게 녹지 않도록 한다.

08

굽기에 대한 설명으로 가장 적합한 것은?

① 고율배합은 낮은 온도에서 단시간 굽는다.
② 고율배합은 높은 온도에서 장시간 굽는다.
③ 저율배합은 낮은 온도에서 장시간 굽는다.
④ 저율배합은 높은 온도에서 단시간 굽는다.

> - 고율배합 : 낮은 온도에서 장시간 굽는다.
> - 저율배합 : 높은 온도에서 단시간 굽는다.

09

버터를 쇼트닝으로 대치하려 할 때 고려해야 할 재료와 거리가 먼 것은?

① 수분
② 소금
③ 유지고형질
④ 유당

> 유당은 우유 속에 존재하는 탄수화물로, 유지가 주성분인 쇼트닝에는 거의 없다.

10

커스터드 크림에서 달걀은 주로 어떤 역할을 하는가?

① 결합제
② 쇼트닝 작용
③ 저장성
④ 팽창제

> 달걀은 커스터드 크림을 엉겨 붙게 하는 농후화제(결합제) 역할을 한다.

11

휘핑용 생크림에 대한 설명 중 틀린 것은?

① 기포성을 이용하여 제조한다.
② 유지방이 기포 형성의 주체이다.
③ 거품의 품질 유지를 위해 높은 온도에서 보관한다.
④ 유지방 40% 이상의 진한 생크림을 쓰는 것이 좋다.

> 생크림은 높은 온도에서 유지방이 액화되어 기포 형성이 어려우므로 냉장보관(0~10℃)한다.

12

유지를 고온으로 계속 가열하였을 때 다음 중 점차 낮아지는 것은?

① 산가
② **발연점**
③ 점도
④ 과산화물가

> 유지를 재가열하면 유리지방산이 많아져 발연점이 낮아진다.

13

케이크 제품의 기공이 조밀하고 속이 축축한 결점의 원인이 아닌 것은?

① 액체 재료 사용량 과다
② 너무 높은 오븐 온도
③ **달걀 함량의 부족**
④ 과도한 액체당 사용

> - 달걀 함량이 부족하면 공기 포집 능력이 떨어져 기공은 조밀해지지만 수분 함량이 부족하므로 속이 축축해지지는 않는다.
> - 달걀 함량이 많고 휘핑이 적절하지 못하면 기공이 조밀하고 속이 축축해질 수 있다.

14

우유 중 제품의 껍질 색을 개선해 주는 성분은?

① 칼슘
② **유당**
③ 유지방
④ 광물질

> 우유 속의 탄수화물인 유당은 가열 시 마이야르 반응과 캐러멜화 반응을 일으켜 제품의 껍질 색을 개선해준다.

15

이스트의 가스 생산과 보유를 고려할 때 제빵에서 가장 좋은 물의 경도는?

① 0 ~ 60ppm
② 180ppm 이상(영구)
③ 180ppm 이상(일시)
④ **120 ~ 180ppm**

> 제빵용으로 가장 좋은 물의 경도는 120 ~ 180ppm의 아경수로, 반죽의 글루텐 형성과 발효에 유리하다.

16

다음 중 설탕을 포도당과 과당으로 분해하여 만든 당으로 감미도와 수분 보유력이 높은 것은?

① 황설탕
② **전화당**
③ 정백당
④ 빙당

> - 황설탕 : 설탕 제조 공정 과정 중 열이 가해져 황갈색을 띠는 설탕
> - 정백당 : 설탕 제조 과정에서 가장 먼저 만들어지는 작은 입자의 순도 높은 흰색의 설탕
> - 빙당 : 바위 모양으로 굳힌 설탕으로 과실주나 리큐르 등을 만들 때 사용하는 설탕

17

제과에 많이 쓰이는 럼주의 원료는?

① 타피오카
② 옥수수전분
③ 포도당
④ **당밀**

> 사탕수수와 사탕무의 즙액을 농축하여 결정화하고 원심분리하면 원당과 제1당밀이 되는데, 원당으로 만드는 당이 설탕이고, 당밀을 발효하여 만든 술이 럼주이다.

18
일반적인 버터의 수분 함량은?

① 18% 이하
② 24% 이하
③ 32% 이하
④ 40% 이하

일반적인 버터의 수분 함량은 18% 이하이다.

19
다음 중 감미가 가장 강한 것은?

① 포도당
② 맥아당
③ 설탕
④ 과당

- 과당의 감미도는 170으로 가장 높다.
- 감미도의 순서 : 과당(170) > 전화당(130~135) > 설탕(100) > 포도당(75) > 맥아당(32) = 갈락토오스(32) > 유당(16)

20
다음 혼성주 중 오렌지 성분을 원료로 하여 만들지 않는 것은?

① 그랑 마니에르(Grand Marnier)
② 쿠앵트로(Cointreau)
③ 마라스키노(Maraschino)
④ 큐라소(Curacao)

마라스키노는 체리 성분을 원료로 하여 만든 술이다.

21
다음 중 쿠키의 퍼짐성이 작은 이유가 아닌 것은?

① 믹싱의 지나침
② 높은 온도의 오븐
③ 너무 진 반죽
④ 너무 고운 입자의 설탕 사용

쿠키의 퍼짐성이 심한 이유
- 반죽이 묽을 경우
- 팽창제를 과다하게 사용한 경우
- 유지의 사용량이 너무 많을 경우
- 알칼리성 반죽일 경우
- 설탕의 사용량이 너무 많을 경우
- 굽는 온도가 낮을 경우
- 설탕 입자가 클 경우

22
우유에 대한 설명으로 옳은 것은?

① 우유 단백질 중 가장 많은 것은 카세인이다.
② 우유의 유당은 이스트에 의해 쉽게 분해된다.
③ 시유의 현탁액은 비타민 B_2에 의한 것이다.
④ 시유의 비중은 1.3 정도이다.

- 우유 단백질 중 75~80%는 카세인으로 가장 많다.
- 우유의 비중은 약 1.030으로 물보다 무겁다.
- 유당은 이스트에 의해 분해되지 않고 주로 유산균에 의해 분해된다.

23

제과제빵용 건조 재료와 팽창제 및 유지 재료를 알맞은 배합율로 균일하게 혼합한 원료는?

① 밀가루 개량제
② 팽창제
③ 향신료
④ **프리믹스**

> 프리믹스란 빵이나 과자를 손쉽게 만들 수 있도록 밀가루에 팽창제, 유지, 설탕 등 기본이 되는 재료들을 미리 혼합한 가루 형태의 제품이다.

24 ⭐빈출

다음 중 함께 계량할 때 가장 문제가 되는 재료의 조합은?

① 소금, 설탕
② **이스트, 소금**
③ 밀가루, 반죽 개량제
④ 밀가루, 호밀가루

> 소금은 이스트의 발효력을 약화시키기 때문에 함께 계량하지 않는다.

25 ⭐빈출

파이나 퍼프 페이스트리는 무엇에 의하여 팽창되는가?

① **유지에 의한 팽창**
② 이스트에 의한 팽창
③ 중조에 의한 팽창
④ 화학적 팽창

> 파이, 퍼프 페이스트리, 데니시 페이스트리 등은 반죽 속의 유지층이 공기를 포집하여 굽는 동안 생성된 증기압에 의해 팽창하는 방식으로 부피를 이룬다.

26 ⭐빈출

다음 중 반죽형 케이크가 아닌 것은?

① 옐로우 레이어 케이크
② **소프트 롤 케이크**
③ 데블스 푸드 케이크
④ 화이트 레이어 케이크

> 소프트 롤 케이크는 거품형 반죽으로 만드는 제품이다.

27 ⭐빈출

튀김용 기름의 조건으로 알맞지 않은 것은?

① 도넛에 기름기가 적게 남는 것이 유리하다.
② 발연점이 높은 기름이 유리하다.
③ 장시간 튀김에 유리지방산 생성이 적고 산패가 되지 않아야 한다.
④ **과산화물가가 높을수록 기름의 흡유율이 적어 담백한 맛이 나고 건강에 도움이 된다.**

> 과산화물가는 유지의 자동산화 정도를 나타내는 지표이다. 과산화물가가 높으면 유지가 산패된 상태를 의미하므로, 튀김용 기름으로는 적합하지 않다.

28

파운드 케이크 제조 시 유지 함량의 증가에 따른 조치가 옳은 것은?

① 소금과 베이킹파우더 증가
② **달걀 증가, 우유 감소**
③ 달걀과 베이킹파우더 감소
④ 우유 증가, 소금 감소

> 파운드 케이크 제조 시 유지 함량을 증가시키면, 달걀 사용량은 증가시키고, 우유 사용량은 감소시켜야 한다.

29 빈출

쿠키를 분당 425개 생산하는 성형기를 사용하여 5,000봉(25개/봉)을 생산하는 데 소요되는 생산시간은? (제조손실 2% 고려, 소수점 이하 반올림)

① 4시간 20분
② 4시간 50분
③ **5시간**
④ 5시간 10분

- 25개 × 5,000봉 = 125,000개
- 제조손실 = 125,000 × 0.02 = 2,500개
- 제조할 쿠키의 총량 = 125,000 + 2,500 = 127,500개
- 분당 425개를 제조하므로 소요되는 생산시간은 127,500 ÷ 425 = 300분 = 5시간이다.

30 빈출

차아염소산나트륨 100ppm은 몇 %인가?

① 0.1%
② **0.01%**
③ 10%
④ 1%

- ppm은 백만분의 일을 나타내고, 백분율의 만분의 일이다. 따라서 %에 1만을 곱하면 간단하게 ppm을 구할 수 있다.
- 100/10,000 = 0.01%

31 빈출

식물성 안정제가 아닌 것은?

① **젤라틴**
② 펙틴
③ 한천
④ 로커스트빈검

젤라틴은 동물의 껍질이나 연골 속에 있는 콜라겐에서 추출한 동물성 단백질로, 안정제 및 젤화제로 사용된다.

32 빈출

박력분에 대한 설명으로 옳은 것은?

① 글루텐의 함량은 13 ~ 14%이다.
② 식빵이나 마카로니를 만들 때 사용한다.
③ 경질소맥을 제분한다.
④ **연질소맥을 제분한다.**

- 박력분은 연질소맥을 제분한 것으로, 단백질 함량이 7 ~ 9% 정도로 낮다. 주로 제과류 및 튀김옷 등에 사용된다.
- 밀가루의 분류

구분	강력분	중력분	박력분
단백질 함량	11 ~ 14%	9 ~ 11%	7 ~ 9%
용도	제빵용	다용도 (빵, 국수, 케이크 등)	제과용, 튀김옷
밀의 종류	경질맥	연질맥	연질맥
점성과 탄력성	강함	중간	약함

33

스펀지 케이크에 사용되는 필수재료가 아닌 것은?

① 설탕
② 달걀
③ 박력분
④ **베이킹파우더**

스펀지 케이크는 달걀의 기포성을 이용한 팽창시키는 제품으로, 설탕, 달걀, 박력분이 필수재료이며, 베이킹파우더는 사용하지 않는다.

34

도넛의 가장 적합한 튀김 온도는?

① 160℃
② **180℃**
③ 200℃
④ 130℃

> 도넛의 적정한 튀김 온도는 180 ~ 195℃이며, 200℃ 이상에서는 튀기지 않는다.

35

반죽형 반죽법과 거품형 반죽법을 혼합하여 제조한 제품은?

① 파운드 케이크
② 과일 케이크
③ **시폰 케이크**
④ 스펀지 케이크

> 시폰 케이크는 달걀 흰자로 머랭을 만들어 거품형 반죽을 만들고, 노른자는 다른 재료와 섞어서 반죽형 반죽을 만든 뒤, 두 가지를 혼합하여 만드는 제품이다.

36

다음 중 비용적이 가장 큰 케이크는?

① **스펀지 케이크**
② 파운드 케이크
③ 초콜릿 케이크
④ 화이트 레이어 케이크

> 케이크 종류별 비용적은 다음과 같다.
> • 스펀지 케이크 : 5.08
> • 파운드 케이크 : 2.40
> • 레이어 케이크 : 2.96
> • 초콜릿 케이크(레이어형) : 2.96

37

제과 생산관리에서 제1차 관리의 3대 요소가 아닌 것은?

① 재료(Material)
② 사람(Man)
③ 자금(Money)
④ **방법(Method)**

> • 제1차 관리요소 : Man(사람, 질과 양), Material(재료, 품질), Money(자금, 원가)
> • 제2차 관리요소 : Method(방법), Minute(시간, 공정), Machine(기계, 시설), Market(시장)

38

제과에서 달걀의 기능이 아닌 것은?

① 수분공급의 역할을 한다.
② 천연유화제의 기능이 있다.
③ **제품 껍질의 갈색화를 일으킨다.**
④ 팽창제의 역할을 한다.

> 제과 껍질의 갈색화는 당의 캐러멜화 반응과 마이야르 반응(당 + 아미노산)이 동시에 일어나기 때문이다.

39

반죽형 반죽에서 모든 재료를 일시에 넣고 믹싱하는 방법은?

① **1단계법**
② 블렌딩법
③ 크림법
④ 설탕물법

> 반죽형 반죽에서 모든 재료를 한 번에 넣고 반죽하는 방법은 1단계법(단단계법)이다.

40

제과 기기 및 도구 관리에 대한 설명으로 옳지 않은 것은?

① 스크래퍼에 흠집이 있으면 교체한다.
② 밀대의 이물질은 철수세미를 사용하여 제거한다.
③ 체는 물로 세척하여 건조시킨 후 사용한다.
④ 붓은 용도별로 구분하여 사용해야 한다.

> 밀대는 상처가 나지 않도록 부드러운 솔이나 헝겊을 이용하여 청소한다.

41 빈출

반죽의 비중과 관련이 없는 것은?

① 기공의 크기
② 완제품의 조직
③ 완제품의 부피
④ 팬 용적

> 반죽의 비중은 기공의 크기, 제품의 부피 및 조직에 결정적인 영향을 미치며, 팬 용적과는 직접적인 관련이 없다.

42

다음 중 질 좋은 단백질을 많이 함유하고 있는 식품은?

① 고기류
② 쌀
③ 감자류
④ 버섯류

> 육류, 달걀, 우유 등은 필수아미노산이 균형 있게 들어 있는 양질의 단백질 식품이다.

43 빈출

도넛의 발한 현상을 방지하는 방법으로 틀린 것은?

① 튀김 시간을 늘린다.
② 도넛 위에 뿌리는 설탕 사용량을 늘린다.
③ 점착력이 낮은 기름을 사용한다.
④ 충분히 식히고 나서 설탕을 묻힌다.

> 발한 현상을 줄이려면 점착력이 강한 기름을 사용하여 설탕이 표면에 잘 붙도록 해야 한다.

44 빈출

설탕시럽 제조 시 주석산 크림을 사용하는 가장 주된 이유는?

① 시럽을 빨리 끓이기 위함이다.
② 시럽을 하얗게 만들기 위함이다.
③ 설탕을 빨리 용해시키기 위함이다.
④ 냉각 시 설탕의 재결정을 막기 위함이다.

> 설탕시럽의 냉각 시 설탕의 재결정을 막기 위해 주석산 크림을 사용한다.

45 빈출

머랭(Meringue)을 만들 때 설탕을 끓여서 시럽으로 만들어 제조하는 것은?

① 스위스 머랭
② 냉제 머랭
③ 온제 머랭
④ 이탈리안 머랭

> 이탈리안 머랭은 거품을 낸 흰자에 끓인 설탕시럽을 실같이 흘려 넣으며 만드는 것으로, 시럽법이라고도 한다.

46

버터크림의 시럽 제조 시 설탕에 대한 물 사용량으로 알맞은 것은?

① 25 ~ 30%
② 45 ~ 50%
③ 55 ~ 60%
④ 34 ~ 40%

> 버터크림의 시럽 제조 시 설탕에 대한 물 사용량은 20 ~ 30% 정도이다.

47

케이크 위에 파인애플, 키위 등을 사용한 후 젤라틴액을 씌울 때는 쉽게 굳지 않는데 그 이유로 옳은 것은?

① 과일 내의 효소 때문에
② 특별한 향기 때문에
③ 색이 진하기 때문에
④ 설탕이 부족하기 때문에

> 파인애플의 브로멜린, 키위의 액티니딘 등은 단백질 분해효소로, 단백질인 젤라틴의 응고를 방해한다.

48

다음 중 합성보존료가 아닌 것은?

① 데히드로초산(DHA)
② 안식향산(Benzoic Acid)
③ 소브산(Sorbic Acid)
④ 부틸하이드록시아니솔(BHA)

> 부틸하이드록시아니솔(BHA)은 유지의 산패로 인한 품질 저하를 방지하는 산화방지제이다.

49

케이크 제조에 있어 달걀의 기능으로 가장 거리가 먼 것은?

① 결합작용
② 유화작용
③ 착색작용
④ 팽창작용

> 달걀은 케이크 제조에서 결합제, 유화제, 팽창제 등으로 사용된다. 달걀 노른자의 카로티노이드 색소로 약간의 착색작용도 있으나 보기 중에서는 가장 거리가 멀다.

50

패리노그래프에 대한 설명으로 옳지 않은 것은?

① 혼합하는 동안 일어나는 반죽의 물리적 성질을 파동곡선 기록기로 기록하여 해석한다.
② 흡수율, 믹싱 내구성, 믹싱 시간 등을 판단할 수 있다.
③ 곡선이 500B.U에 도달하는 시간 등으로 밀가루의 특성을 알 수 있다.
④ 반죽의 신장도를 cm 단위로 측정한다.

> - 반죽의 신장도는 익스텐소그래프로 측정한다.
> - 패리노그래프는 반죽이 흡수하는 물의 양(흡수율)을 측정하는 기기이다.

51

케이크 제조 시 반죽 온도에 영향을 미치는 주요 원인은?

① 바닐라향 에센스 온도, 베이킹파우더 온도
② 설탕 온도, 바닐라향 에센스 온도
③ 밀가루 온도, 설탕 온도
④ 베이킹파우더 온도, 분유 온도

> - 반죽 온도에 영향을 미치는 주요 요인에는 실내온도, 밀가루·설탕·달걀·유지·물 온도 등이 있다.
> - 향료나 팽창제 온도는 영향이 미미하다.

52

굳어진 단순 아이싱 크림을 여리게 하는 방법으로 부적합한 것은?

① 전분이나 밀가루를 넣는다.
② 중탕으로 가열한다.
③ 설탕시럽을 더 넣는다.
④ 소량의 물을 넣고 중탕으로 가온한다.

> 전분이나 밀가루는 아이싱의 끈적거림을 방지하는 흡수제 역할을 하지만, 아이싱 크림을 여리게 하는 데에는 적합하지 않다.

53 ⭐빈출

식물성 자연독의 관계가 틀린 것은?

① 청매 - 리신
② 목화씨 - 고시폴
③ 독버섯 - 무스카린
④ 감자 - 솔라닌

> • 청매, 은행, 살구씨 등의 자연독은 아미그달린이다.
> • 리신은 피마자의 독소이다.

54 ⭐빈출

다음 중 글루텐을 형성하는 단백질이 아닌 것은?

① 글리아딘(Gliadin)
② 미오신(Myosin)
③ 메소닌(Mesonin)
④ 글루테닌(Glutenin)

> 글루텐을 형성하는 단백질에는 글리아딘과 글루테닌, 메소닌, 알부민, 글로불린이 있으나, 일반적으로는 글루테닌과 글리아딘을 글루텐 형성 단백질로 본다.

55

제과 반죽이 너무 산성에 치우쳐 발생하는 현상과 거리가 먼 것은?

① 여린 껍질 색
② 옅은 향
③ 빈약한 부피
④ 거친 기공

> 반죽이 산성으로 치우치면 글루텐을 응고시켜 부피 팽창을 방해하기 때문에 기공이 작고 조밀해지며, 부피가 작아진다. 또한, 당의 캐러멜화를 방해하여 옅은 향과 여린 껍질 색을 만든다.

56 ⭐빈출

가수분해나 산화에 의하여 튀김기름을 나쁘게 만드는 요인이 아닌 것은?

① 온도
② 산소
③ 물
④ 비타민 E(토코페롤)

> 비타민 E(토코페롤)는 천연 산화방지제로, 가수분해나 산화에 의해 튀김기름이 산패되는 것을 방지한다.

57

과제류 제품을 제조할 때 1단계법을 사용하는 목적으로 옳은 것은?

① 노화를 지연시킨다.
② 기계의 성능은 무관하다.
③ 시간과 노동력을 절약한다.
④ 화학팽창제를 사용하지 않는다.

> 1단계법은 모든 재료를 한꺼번에 넣고 반죽하는 방법으로, 시간과 노동력을 절약할 수 있어 대량생산에 적합하다.

58 ⭐

충전물 제조 시 사용하는 농후화제가 아닌 것은?

① 타피오카 전분
② **충전용 유지**
③ 옥수수 전분
④ 식물성 검류

> 충전물 제조 시 농후화제로 사용되는 것은 밀가루, 전분류, 달걀, 검류 등의 안정제 등이다.

59 ⭐

비스킷 제조에 가장 부적당한 밀가루는?

① **강력분**
② 중력분
③ 박력분
④ 박력분 + 중력분

> 강력분은 탄력성, 점성, 수분 흡착력이 강하여 제빵용 밀가루로 적합하다.

60 ⭐

다음 제품 중 찜류 제품이 아닌 것은?

① 만쥬
② **무스**
③ 푸딩
④ 치즈케이크

> 무스는 찜류(스팀드) 제품이 아니라, 냉장 혹은 냉동시켜 만드는 차가운 디저트이다.

2023년 CBT 기출복원문제

01

퍼프 페이스트리의 휴지가 종료되었을 때 손으로 살짝 누르게 되면 다음 중 어떤 현상이 나타나는가?

① 누른 자국이 유동성 있게 움직인다.
② 내부의 유지가 흘러나온다.
③ 누른 자국이 그대로 남아 있다.
④ 누른 자국이 원상태로 돌아온다.

> 퍼프 페이스트리의 휴지가 종료되었을 때 손으로 살짝 누르면 반죽에 누른 자국이 그대로 남아 있다.

02 빈출

파운드 케이크를 구울 때 윗면이 자연적으로 터지는 경우가 아닌 것은?

① 반죽 내의 수분이 불충분한 경우
② 반죽 내에 녹지 않은 설탕 입자가 많은 경우
③ 팬에 분할한 후 오븐에 넣을 때까지 장시간 방치하여 껍질이 마른 경우
④ 오븐 온도가 낮아 껍질이 서서히 마를 경우

> • 오븐 온도가 낮으면 표면이 천천히 굳어 윗면이 터지지 않는다.
> • 표면이 빨리 굳으면 내부 압력으로 인해 윗면이 터질 수 있다.

03

도넛 설탕 아이싱을 사용할 때 가장 적합한 온도는?

① 20℃ 전후
② 25℃ 전후
③ 40℃ 전후
④ 60℃ 전후

> 도넛에 설탕으로 아이싱을 입힐 때는 설탕이 충분히 녹아 흐르는 상태가 되어야 하므로, 약 40℃ 전후가 적절하다.

04 빈출

과일 파운드 케이크에서 건포도의 전처리 목적이 아닌 것은?

① 반죽의 색깔을 개선한다.
② 반죽과 건포도 사이의 수분 이동을 방지한다.
③ 씹는 조직감을 개선한다.
④ 과일 원래의 풍미를 되살아나게 도와준다.

> 반죽의 색깔 개선은 건포도 전처리의 목적이 아니다.

05 빈출

포도당을 합성할 수 있는 아미노산은?

① 알라닌
② 메티오닌
③ 트립토판
④ 페닐알라닌

> 비필수아미노산인 알라닌은 알라닌 회로를 통해 단백질로부터 포도당을 합성한다.

06 빈출

빵의 포장 재료가 갖추어야 할 조건이 아닌 것은?

① 방수성일 것
② 위생적일 것
③ 상품가치를 높일 수 있을 것
④ 통기성일 것

> 통기성은 포장 재료에 반드시 필요한 조건이 아니다. 빵은 적정 수분을 유지해야 하므로, 통기성이 과도하면 건조로 인해 품질이 저하될 수 있다.

07

설탕의 주요 기능으로 가장 적절한 것은?

① 색을 선명하게 만든다.
② 발효를 촉진한다.
③ 물의 흡수를 방해한다.
④ **질감을 부드럽게 한다.**

> 설탕은 반죽의 수분을 조절하여 촉촉하고 부드러운 식감을 제공하며, 구울 때 캐러멜화 작용으로 색과 풍미를 더해준다.

08

육두구과 상록활엽교목에 맺히는 종자를 말리면 넛메그가 된다. 이 넛메그의 종자를 싸고 있는 빨간 껍질을 말린 향신료는?

① 클로브
② 생강
③ 시나몬
④ **메이스**

> 넛메그와 메이스는 하나의 종자에서 얻을 수 있으며, 넛메그를 감싸고 있는 빨간 껍질을 말린 것이 메이스이다.

09

다음 제품 중 성형하여 팬닝할 때 반죽의 간격을 가장 충분히 유지하여야 하는 제품은?

① **슈**
② 핑거 쿠키
③ 오믈렛
④ 쇼트 브레드 쿠키

> 슈는 굽는 동안 매우 크게 팽창하므로, 성형하여 팬닝할 때 반죽의 간격을 충분히 유지하여야 한다.

10

스펀지 케이크 제조 시 달걀 – 설탕 혼합의 중탕 온도로 가장 적절한 온도는?

① 23℃
② **43℃**
③ 63℃
④ 83℃

> 중탕 온도가 너무 낮으면 거품이 충분히 활성화되지 않고, 너무 높으면 단백질이 응고하여 케이크 조직이 망가질 수 있으므로, 약 43℃가 적절하다.

11

각 식품별 부족한 영양소의 연결이 틀린 것은?

① 채소류 – 메티오닌
② 옥수수 – 트립토판
③ **콩류 – 트레오닌**
④ 곡류 – 라이신

> 콩류(두류)에는 필수아미노산 중 메티오닌의 함량이 부족하다.

12

파리가 전파하는 질병이 아닌 것은?

① 발진티푸스
② 파라티푸스
③ **회충**
④ 결핵

> - 파리는 장티푸스, 파라티푸스, 이질, 콜레라, 결핵 등을 전파하는 매개체이다.
> - 회충은 주로 인간이나 동물의 장에서 기생하는 기생충으로, 파리와는 관련이 없다.
> - 질병을 매개하는 동물 및 해충
>
> | 파리, 바퀴벌레 | 장티푸스, 파라티푸스, 세균성 이질, 콜레라 |
> |---|---|
> | 벼룩 | 페스트, 재귀열 |
> | 이 | 발진티푸스, 재귀열 |
> | 모기 | 일본뇌염, 말라리아, 황열 |
> | 쥐 | 페스트, 발진티푸스, 쯔쯔가무시병, Q열, 렙토스피라증, 신증후군출혈열(유행성 출혈열) |
> | 진드기 | 유행성 출혈열, 쯔쯔가무시병 |

13

제과제빵에서 공장의 입지 조건으로 고려할 사항과 가장 거리가 먼 것은?

① 인원 수급 문제
② 폐수처리 시설
③ 주변에 밀 경작 여부
④ 상수도 시설

> 제과제빵 공장은 원료 운송이 편리하면 충분하고, 밀 경작지 주변에 있어야 할 이유는 특별히 없다.

14 ⭐

산화방지제와 거리가 먼 것은?

① 디부틸하이드록시톨루엔(BHT)
② 비타민 A
③ 몰식자산프로필(propyl gallate)
④ 부틸하이드록시아니솔(BHA)

> 천연 산화방지제로는 비타민 C와 비타민 E가 사용되며, BHT, propyl gallate, BHA는 합성 산화방지제이다.

15 ⭐

빵의 노화 현상과 거리가 먼 것은?

① 빵 내부조직 변화
② 빵의 풍미 저하
③ 곰팡이 번식에 의한 변화
④ 빵 껍질의 변화

> 곰팡이 번식에 의한 변화는 변질에 해당하며, 노화 현상과는 구별된다.

16

제과에서 사용하는 '아몬드 파우더'의 주요 기능은?

① 반죽을 탄력있게 한다.
② 색을 진하게 만든다.
③ 풍미를 증가시킨다.
④ 발효를 촉진한다.

> 아몬드 파우더는 제과에서 풍미를 더하고, 텍스처를 부드럽게 한다.

17

다음 중 베이킹파우더를 더 많이 사용해도 좋은 경우는?

① 강력분 사용량을 증가시킬 경우
② 분유 사용량을 감소시킬 경우
③ 크림성이 좋은 버터를 사용할 경우
④ 달걀 사용량을 증가시킬 경우

> • 우유(분유)나 밀가루의 사용량을 늘리는 경우에는 베이킹파우더의 사용량을 늘린다.
> • 유지의 양을 늘리거나 크림성이 좋은 유지를 사용하는 경우, 달걀의 사용량을 늘리는 경우에는 베이킹파우더의 사용량을 줄인다.

18 ⭐

다음 중 제품의 비중이 틀린 것은?

① 파운드 케이크 : 0.75 ~ 0.85
② 레이어 케이크 : 0.8 ~ 0.9
③ 젤리 롤 케이크 : 0.7 ~ 0.8
④ 시폰 케이크 : 0.45 ~ 0.5

> 롤 케이크의 반죽 비중은 0.45 ~ 0.55 정도이다.

19 빈출

제과에서 사용하는 밀가루의 주요 성분은?

① **단백질**
② 비타민
③ 탄수화물
④ 미네랄

> 밀가루의 주성분은 단백질로, 글루텐을 형성하여 반죽에 탄력성을 제공한다.

20 빈출

다음 제품 중 반죽 희망 온도가 가장 낮은 것은?

① 파운드 케이크
② 카스텔라
③ 슈
④ **퍼프 페이스트리**

> 희망 반죽 온도가 가장 낮은 제품은 파이나 퍼프 페이스트리로 18~20℃ 정도이다.

21 빈출

제과에서 사용하는 이스트의 주요 역할은 무엇인가?

① 질감을 부드럽게 한다.
② **반죽을 부풀게 한다.**
③ 색을 변화시킨다.
④ 풍미를 증가시킨다.

> 이스트는 발효 과정에서 이산화탄소를 생성하여 반죽을 부풀게 한다.

22 빈출

식품의 변질에 관여하는 요인과 거리가 먼 것은?

① 산소
② pH
③ **압력**
④ 수분

> 식품의 변질에 영향을 미치는 요인에는 영양소, 수분, 온도, 산소, 최적 pH 등이 있다.

23

유지의 크림성에 대한 설명 중 틀린 것은?

① 크림이 되면 부드러워지고 부피가 커진다.
② 액상 기름은 크림성이 없다.
③ 유지에 공기가 혼입되면 빛이 난반사되어 하얀색으로 보이는 현상을 크림화라고 한다.
④ **버터는 크림성이 가장 뛰어나다.**

> 버터는 융점이 낮고 크림성이 부족하여 가소성 범위가 좁으므로 18~21℃에서 사용하는 것이 적절하다.

24

소금의 주요 역할은 무엇인가?

① 반죽의 수분을 흡수한다.
② 발효를 촉진한다.
③ **단백질 응고를 도와준다.**
④ 반죽을 유연하게 한다.

> 소금은 단백질 응고를 도와 반죽의 구조를 강화하는 역할을 한다.

25 빈출

다음 중 감미도가 가장 높은 당은?

① 유당(Lactose)
② 포도당(Glucose)
③ 설탕(Sucrose)
④ **과당(Fructose)**

> 감미도란 단맛의 강도를 의미하는데, 일반적으로 과당의 감미도는 170으로 당 중에서 가장 높다.

26

도넛의 포장 시 발한 현상을 방지하기 위한 도넛의 수분 함량으로 알맞은 것은?

① 16 ~ 20%
② 21 ~ 25%
③ 26 ~ 38%
④ 11 ~ 16%

도넛의 포장 시 발한 현상을 방지하기 위한 도넛의 수분 함량은 21 ~ 25%이다.

27

다음 중 발병 시 감염성이 가장 낮은 것은?

① 콜레라
② 폴리오
③ 납 중독
④ 장티푸스

납 중독은 중금속에 의한 화학적 식중독으로 감염성은 거의 없다.

28

젤리 롤 케이크 반죽을 만들어 팬닝하려고 한다. 옳지 않은 것은?

① 넘치는 것을 방지하기 위하여 팬 종이는 팬 높이보다 2cm 정도 높게 한다.
② 평평하게 팬닝하기 위해 고무주걱 등으로 윗부분을 마무리한다.
③ 기포가 꺼지므로 팬닝은 가능한 한 빨리한다.
④ 철판에 팬닝하고 보울에 남은 반죽으로 무늬반죽을 만든다.

젤리 롤 케이크 팬닝 시 팬 종이를 팬 높이보다 2cm 높게 할 필요는 없다. 넘침 방지와는 관련이 없으며, 오히려 평평한 표면을 위해 팬 높이에 맞춰 종이를 사용하는 것이 바람직하다.

29

완제품 600g짜리 파운드 케이크 1,200개를 만들고자 할 때 완제품의 총 무게는?

① 540kg
② 600kg
③ 450kg
④ 720kg

600g × 1,200개 = 720,000g = 720kg

30

다음 중 지방 분해효소는?

① 프로테아제
② 치마아제
③ 말타아제
④ 리파아제

리파아제는 지방의 에스테르 결합을 가수분해하여 지방산과 글리세린으로 전환시키는 효소의 총칭이다.

31

밀가루 반죽에서 글루텐 형성을 촉진하는 요소는?

① 물
② 설탕
③ 소금
④ 오일

물은 밀가루 단백질인 글리아딘, 글루테닌과 결합하여 글루텐을 형성하며, 반죽의 탄력성을 높인다.

32 ⭐

옥수수 단백질(Zein)에서 부족하기 쉬운 아미노산은?

① **트립토판**
② 트레오닌
③ 메티오닌
④ 라이신

> 옥수수 단백질 제인(Zein)에는 필수아미노산인 트립토판과 라이신이 부족하며, 그중 트립토판이 더 부족하다.

33

제과에서 사용하는 '크림화' 기법의 목적으로 옳은 것은?

① 반죽을 부드럽게 한다.
② 기름기를 제거한다.
③ **공기를 주입하여 부풀게 한다.**
④ 발효를 촉진한다.

> 크림화는 버터와 설탕을 섞으면서 공기를 주입하여 반죽을 부풀게 하는 기법이다.

34

발효가 잘 일어나지 않는 온도는?

① 25℃
② 30℃
③ 35℃
④ **10℃**

> 발효는 10℃ 이하에서는 거의 일어나지 않으며, 이스트의 활동을 위해서는 27~35℃의 온도가 적절하다.

35 ⭐

다음 중 과자 반죽을 밀어 펴는 기계는?

① **파이 롤러(pie roller)**
② 도우 컨디셔너(dough conditioner)
③ 도우 리프트(dough lift)
④ 도킹(docking)

> 파이 롤러(pie roller)는 반죽을 일정한 두께로 밀어 펼 때 사용하는 기계이다.

36

다음 중 호밀빵에 주로 사용하는 향신료는?

① 오레가노
② 크레송
③ 민트
④ **캐러웨이**

> 호밀빵 특유의 청량감 있는 향미를 배가하기 위하여 캐러웨이 씨앗을 넣고 굽는다.

37 ⭐

포자형성균의 멸균에 알맞은 소독법은?

① 희석법
② **고압증기멸균법**
③ 저온소독법
④ 자비소독법

> 세균의 체내에 포자를 형성하는 균은 바실러스속 균과 클로스트리디움속 균 등이며, 이들이 형성하는 아포는 내열성이 강해 고압증기멸균법을 사용해야 완전히 사멸시킬 수 있다.

38 ⭐반출

다음 중 고온에서 빨리 구워야 하는 제품은?

① 파운드 케이크
② 고율배합 제품
③ **저율배합 제품**
④ 패닝량이 많은 제품

> 저율배합 제품은 설탕, 유지 등 배합 재료가 적고 반죽이 단단하므로, 고온에서 빠르게 구워야 내부가 잘 익고 바삭한 식감을 얻을 수 있다.

39 ⭐반출

좋은 튀김기름의 조건이 아닌 것은?

① 천연의 항산화제가 있다.
② 발연점이 높다.
③ **수분이 10% 정도이다.**
④ 저장성과 안정성이 높다.

> 좋은 튀김기름은 수분 함량이 매우 낮아야 산패 및 거품 발생을 막을 수 있다.

40 ⭐반출

빵의 제조과정에서 빵 반죽을 분할기에서 분할할 때 달라붙지 않게 하는 식품첨가물은?

① 추출용제
② 피막제
③ 증점제
④ **이형제**

> 빵 반죽을 분할할 때 또는 구울 때 기계에 달라붙지 않게 하기 위하여 이형제를 사용하며, 유동파라핀만 허용되어 있다.

41 ⭐반출

일반적인 1차 발효실의 가장 이상적인 습도는?

① 45 ~ 50%
② 55 ~ 60%
③ 65 ~ 70%
④ **75 ~ 80%**

> 1차 발효실에서는 효모의 발효를 촉진하고 반죽 표면의 건조를 방지하기 위해 높은 습도가 필요하므로 75 ~ 80%가 적정하다.

42 ⭐반출

일반적으로 식중독 원인 세균이 가장 잘 자라는 온도 범위는?

① 0 ~ 10℃
② 11 ~ 20℃
③ **26 ~ 36℃**
④ 39 ~ 46℃

> 일반적으로 식중독을 일으키는 원인 세균은 증식 최적 온도가 25 ~ 37℃ 정도인 중온균이다.

43

열원으로 찜(수증기)을 이용했을 때의 주 열전달 방식은?

① 전도
② **대류**
③ 초음파
④ 복사

> 대류는 뜨거워진 액체나 기체가 위로 올라가고, 차가워진 액체나 기체가 아래로 내려오면서 순환하는 방식으로 열을 전달하는 방법이며, 주로 찜 조리 시 이용된다.

44

10명의 인원이 50초당 70개의 과자를 만들 때 7시간에는 몇 개를 생산하는가?

① 3,528개
② **35,280개**
③ 24,500개
④ 245,000개

> - 전체 생산 속도 = 70 ÷ 50 = 1.4개/초
> - 7시간 = 25,200초
> - ∴ 총 생산수량 = 25,200 × 1.4 = 35,280개

45

초콜릿을 템퍼링한 효과에 대한 설명 중 틀린 것은?

① 광택이 좋고 내부조직이 조밀하다.
② 팻 블룸(fat bloom)이 일어나지 않는다.
③ 안정한 결정이 많고 결정형이 일정하다.
④ **입안에서의 용해성이 나쁘다.**

> 템퍼링을 하면 입안에서 녹는 구용성(용해성)이 좋아진다.

46

다음 중 크림법을 사용하여 만들 수 있는 제품은?

① **마블 파운드 케이크**
② 엔젤 푸드 케이크
③ 버터 스펀지 케이크
④ 슈

> 크림법은 반죽형 반죽의 대표적인 제법으로, 파운드 케이크의 가장 일반적인 제법이다.

47

유지 산패도를 측정하는 방법이 아닌 것은?

① 과산화물가(peroxide value, POV)
② **휘발성 염기질소(volatile basic nitrogen value, VBN)**
③ 카르보닐가(carbonyl value, CV)
④ 관능검사

> 휘발성 염기질소(volatile basic nitrogen value, VBN)는 유지 산패도가 아니라 주로 단백질 분해 정도, 즉 식품의 부패도를 측정하는 지표이다.

48

빵 반죽용 믹서의 부대 기구가 아닌 것은?

① 휘퍼
② **스크래퍼**
③ 비터
④ 훅

> - 믹서는 반죽날개로 휘퍼, 비터, 훅이 있다.
> - 스크래퍼는 반죽을 분할하거나 한 곳으로 모으고 반죽을 떼어낼 때 사용하는 도구이다.

49

비중이 0.75인 과자 반죽 1L의 무게는?

① 75g
② **750g**
③ 175g
④ 1,750g

> 비중은 같은 부피의 물과 비교해 무게가 몇 배인지를 나타내므로, 1L(= 1,000mL)의 물의 무게를 1,000g이라고 할 때. 비중이 0.75인 과자 반죽의 무게는 0.75 × 1,000g = 750g이다.

50

다음 중 독소형 세균성 식중독에 해당하는 것은?

① 리스테리아균
② 비브리오균
③ **클로스트리디움 페르프린젠스균**
④ 병원성 대장균

> 클로스트리디움 페르프린젠스균은 클로스트리디움 속의 혐기성 세균으로, 아포를 형성하고 독소를 생성하여 독소형 식중독을 유발하며, 웰치균이라고도 한다.

51

밀가루의 흡수율을 알 수 있는 기계는?

① 익스텐소그래프
② **패리노그래프**
③ 아밀로그래프
④ 믹소그래프

> 패리노그래프는 밀가루의 흡수율, 믹싱 시간, 믹싱 내구성 등을 측정한다.

52

다음 유지의 성질 중 크래커에서 가장 중요한 것은?

① 크림가
② **쇼트닝가**
③ 가소성
④ 발연점

> 크래커와 같이 바삭하고 부스러지는 식감을 내기 위해서는 유지의 '쇼트닝가'가 가장 중요하다.

53

식물성 기름을 원료로 하여 마가린, 쇼트닝을 제조할 때 생성되어 건강에 나쁜 영향을 주는 것은?

① **트랜스지방**
② 시스지방
③ 불포화지방
④ 포화지방

> 트랜스지방은 액체 상태의 불포화지방을 고체 상태로 가공하기 위해 수소를 첨가하는 과정(부분 경화)에서 생성되는 지방으로, 섭취 시 건강에 해로운 영향을 준다.

54

밀가루 성분 중 함량이 많을수록 노화가 촉진되는 것은?

① 단백질
② 수분
③ **아밀로오스**
④ 비수용성 펜토산

> 밀가루 전분 중 아밀로오스의 함량이 많을수록 노화가 빨라진다.

55

젤라틴(gelatin)에 대한 설명 중 틀린 것은?

① 동물성 단백질이다.
② 응고제로 주로 이용된다.
③ 물과 섞으면 용해된다.
④ **콜로이드 용액의 젤 형성과정은 비가역적인 과정이다.**

> 젤라틴의 젤 형성과정은 '가역적'인 과정으로, 열을 가하면 젤이 용해되어 액체로 변하고, 식히면 다시 젤로 되돌아간다.

56
다음 중 비중이 높은 제품의 특징이 아닌 것은?

① 껍질 색이 진하다.
② 제품이 단단하다.
③ 기공이 조밀하다.
④ 부피가 작다.

> 반죽의 비중이 높은 제품은 공기의 혼입이 적어 기공이 조밀하고 부피가 작으며, 조직이 단단하고 무거운 특징을 가진다. 반죽 비중은 껍질 색에는 영향을 주지 않는다.

57
식중독과 관련된 내용의 연결이 옳은 것은?

① 포도상구균 식중독 : 심한 고열을 수반
② 살모넬라 식중독 : 높은 치사율
③ 클로스트리디움 보툴리눔 식중독 : 독소형 식중독
④ 장염 비브리오 식중독 : 주요 원인은 민물고기 생식

> 클로스트리디움 보툴리눔 식중독은 보툴리눔균이 생성하는 독소에 의해 발생하는 독소형 식중독이다.

58
우유 단백질 중 카세인의 함량은?

① 약 50%
② 약 45%
③ 약 95%
④ 약 80%

> 우유 단백질의 약 80%는 카세인이고, 나머지 20%의 대부분은 락토알부민과 락토글로불린으로 구성된다.

59
총원가는 어떻게 구성되는가?

① 제조원가 + 판매비 + 일반관리비
② 직접재료비 + 직접노무비 + 판매비
③ 제조원가 + 이익
④ 직접원가 + 일반관리비

> • 총원가는 제품을 만드는 데 들어가는 제조원가에 판매비와 일반관리비까지 모두 합한 것을 의미한다.
> • 총원가 = 제조원가 + 판매비 + 일반관리비

60
당과 산에 의해서 젤을 형성하여 젤화제, 증점제, 안정제 등으로 사용되는 것은?

① 펙틴
② 한천
③ 젤라틴
④ 씨엠씨(C.M.C)

> 펙틴은 과실이나 채소류 등의 세포막 또는 세포막 사이의 얇은 층에 존재하는 다당류로, 당과 산이 존재하면 젤을 형성하는 성질이 있어 젤화제, 증점제, 안정제 등으로 사용된다.

2024년 CBT 기출복원문제

01 ⭐
다음 중 세균에 의한 경구 감염병은?

① 아플라톡신 식중독
② 유행성 간염
③ 폴리오
④ 살모넬라증

> 살모넬라증은 세균에 의해 발생하는 대표적인 경구(입을 통해 감염되는) 감염병이다.

02
도넛 글레이즈의 사용온도로 가장 적합한 것은?

① 18℃
② 38℃
③ 72℃
④ 48℃

> 도넛 글레이즈의 사용온도는 43~49℃ 정도가 가장 적합하다.

03
파운드 케이크의 패닝은 틀 높이의 몇 % 정도까지 반죽을 채우는 것이 가장 적당한가?

① 50%
② 70%
③ 90%
④ 100%

> 파운드 케이크 반죽은 오븐에서 부풀기 때문에 틀 높이의 약 70%만 채우는 것이 적당하다. 너무 적게 채우면 형태가 잘 나오지 않고, 너무 많이 채우면 넘칠 수 있다.

04 ⭐
리놀렌산(Linolenic Acid)의 급원 식품으로 가장 적합한 것은?

① 라드
② 들기름
③ 면실유
④ 해바라기씨유

> 리놀렌산은 필수지방산으로, 들기름에 많이 함유되어 있으며 두뇌 성장과 시각 기능을 증진시킨다.

05
비터 초콜릿(Bitter chocolate) 32% 중에는 코코아가 약 얼마 정도 함유되어 있는가?

① 8%　　　② 16%
③ 20%　　④ 24%

> 비터 초콜릿(Bitter chocolate) 32% 중에는 코코아 성분이 약 20% 함유되어 있다. 이는 비터 초콜릿의 표준 성분 비율에 근거한 수치이다.

06 ⭐
다음 중 인체 내에서 합성할 수 없으므로 식품으로 섭취해야 하는 지방산이 아닌 것은?

① 아라키돈산(Arachidonic Acid)
② 올레산(Oleic Acid)
③ 리놀레산(Linoleic Acid)
④ 리놀렌산(Linolenic Acid)

> 필수지방산이 아닌 것을 찾는 문제로, 올레산은 필수지방산이 아니다.

07

이스트 푸드의 기능과 거리가 먼 것은?

① 물 조절제(Water conditioner)
② 이스트 조절제(Yeast conditioner)
③ **껍질 조절제(Crust conditioner)**
④ 반죽 조절제(Dough conditioner)

> 이스트 푸드는 주로 반죽의 조성과 발효 과정에서 효모의 활동을 돕고 반죽의 품질을 개선하는 데 사용된다. 빵의 껍질을 직접 조절하는 역할은 없다.

08 빈출

유용한 장내 세균의 발육을 왕성하게 하여 장에 좋은 영향을 미치는 이당류는?

① 설탕(sucrose)
② **유당(lactose)**
③ 맥아당(maltose)
④ 포도당(glucose)

> 유당(lactose)은 유산균 등 유익한 장내 세균의 발육을 촉진하여 장 건강에 긍정적인 영향을 주는 대표적인 이당류이다.

09 빈출

반죽의 비중과 관계가 가장 적은 것은?

① **제품의 점도**
② 제품의 부피
③ 제품의 기공
④ 제품의 조직

> 반죽의 비중은 제품의 부피, 기공, 조직에 결정적인 영향을 준다.

10 빈출

위해요소중점관리기준(HACCP)을 식품별로 정하여 고시하는 자는?

① 보건복지부장관
② 시장, 군수 또는 구청장
③ **식품의약품안전처장**
④ 환경부장관

> 위해요소중점관리기준(HACCP)은 식품의약품안전처장이 정하여 고시한다.

11

주기적으로 열이 반복되어 나타나므로 파상열이라고 불리는 인수공통감염병은?

① 돈단독
② Q열
③ 결핵
④ **브루셀라병**

> 브루셀라병은 브루셀라균에 의해 감염된 동물로부터 사람에게 전파되는 인수공통감염병의 하나로, 반복적인 열이 나타나 파상열이라고도 한다.

12 빈출

다음 당류 중 감미도가 가장 낮은 것은?

① 포도당
② 전화당
③ **유당**
④ 맥아당

> 감미도의 순서
> 전화당(130) > 포도당(75) > 맥아당(32) > 유당(16)

13 ⭐

고율배합 반죽에 대한 설명으로 틀린 것은?

① **비중이 높다.**
② 굽는 온도를 낮춘다.
③ 화학팽창제를 적게 쓴다.
④ 반죽 시 공기 혼입이 많다.

> 고율배합 반죽은 공기 혼입량이 많아 비중이 낮게 측정된다.

14 ⭐

아이싱의 끈적거림 방지 방법으로 잘못된 것은?

① 액체를 최소량으로 사용한다.
② 40℃ 정도로 가온한 아이싱 크림을 사용한다.
③ 안정제를 사용한다.
④ **케이크 제품이 냉각되기 전에 아이싱한다.**

> 케이크가 냉각되기 전에 아이싱을 하면 아이싱의 끈적거림이 오히려 심해진다. 따라서 아이싱은 케이크가 충분히 식은 후 해야 표면이 매끄럽고 끈적이지 않는다.

15 ⭐

제과에서 유지의 기능이 아닌 것은?

① 공기 포집 기능
② **노화 촉진 기능**
③ 보존성 개선 기능
④ 연화 기능

> 유지는 설탕처럼 과자의 수분을 보유하는 기능이 있어, 제품의 노화를 억제한다.

16

무스(Mousse)의 원 뜻으로 옳은 것은?

① 생크림
② **거품**
③ 광택제
④ 젤리

> 무스(Mousse)란 프랑스어로 '거품'이란 뜻으로, 커스터드 또는 초콜릿, 과일 퓌레 등에 생크림, 머랭, 젤라틴 등을 넣고 굳혀 만든 제품이다.

17 ⭐

스펀지 케이크 400g짜리 완제품을 만들 때 굽기손실이 20%라면 분할반죽의 무게는?

① 600g
② 400g
③ **500g**
④ 300g

> 분할반죽의 무게 = 완제품의 무게 ÷ {1 − (굽기손실 ÷ 100)}
> x = 400 ÷ {1 − (20 ÷ 100)}
>   = 500g

18

겨울철 굳어버린 버터크림의 농도를 조절하기 위한 첨가물은?

① 분당
② 초콜릿
③ **식용유**
④ 캐러멜색소

> 겨울철 낮은 온도에서는 버터크림이 굳고 단단해지는데, 이때 소량의 식용유를 넣으면 버터크림의 점도를 낮추고 부드럽게 해주어 농도를 효과적으로 조절할 수 있다.

19
메틸알코올의 중독 증상과 거리가 먼 것은?

① 두통
② 실명
③ 환각
④ 구토

> 메틸알코올은 두통, 구토, 실명 등을 일으킨다. 환각을 일으키는 것은 에틸알코올과 관련된다.

20
다음 중 호화(Gelatinization)에 대한 설명으로 옳은 것은?

① 호화는 주로 단백질과 관련된 현상이다.
② 호화되면 소화되기 쉽고 맛이 좋아진다.
③ 호화는 냉장온도에서 잘 일어난다.
④ 유화제를 사용하면 호화를 지연시킬 수 있다.

> - 호화란 전분이 가열되는 과정에서 물을 흡수해 팽창하고 점성이 증가하여 투명해지는 상태로, 호화가 되면 소화가 잘되고 맛이 좋아진다.
> - 호화는 가열 시 일어나는 현상이다. 냉장온도에서는 오히려 노화가 촉진된다.

21
옐로 레이어 케이크의 비중이 낮을 경우에 나타나는 현상은?

① 상품적 가치가 높다.
② 구조력이 약화되어 중앙 부분이 함몰한다.
③ 부피가 작아진다.
④ 조직이 무겁게 된다.

> 비중이 낮으면, 반죽에 혼입된 공기량이 많아 부피는 커지지만, 구조력이 약화되어 중앙 부분이 함몰한다.

22
밀가루 반죽에 관여하는 단백질은?

① 라이소자임
② 글루텐
③ 알부민
④ 글로불린

> - 밀가루 단백질인 글리아딘과 글루테닌에 물과 힘을 가하면 글루텐이 형성되어 밀가루 반죽을 만든다.
> - 글루텐은 단순단백질인 글리아딘과 글루테닌이 주성분이 되어 엉겨있는 단백질의 복합체이다. 그러나 복합단백질은 아니다.

23
젤리를 제조하는 데 당분 60~65%, 펙틴 1.0~1.5%일 때 가장 적합한 pH는?

① pH 1.0
② pH 3.2
③ pH 7.8
④ pH 10.0

> 젤리를 만들 때 당분 60~65%, 펙틴 1.0~1.5% 농도에서 가장 적합한 젤화(pH)가 pH는 약 3.0~3.5이며, 그중 pH 3.2가 가장 적절하다.

24
혈당 저하와 가장 관계가 깊은 것은?

① 인슐린
② 리파아제
③ 프로테아제
④ 펩신

> - 혈당(혈액을 구성하는 당, 포도당)의 저하와 관계있는 것은 인슐린이다.
> - 리파아제는 지방 분해효소, 프로테아제는 단백질 분해효소, 펩신은 위 단백질 분해효소이다.

25

다음 중 단당류는?

① 자당
② **갈락토오스**
③ 맥아당
④ 유당

- 단당류 : 포도당, 과당, 갈락토오스
- 이당류 : 자당, 맥아당, 유당

26

달걀의 특징적 성분으로 지방의 유화력이 강한 성분은?

① 세팔린(Cephalin)
② **레시틴(Lecithin)**
③ 아비딘(Avidin)
④ 스테롤(Sterol)

달걀 노른자에 풍부한 레시틴(Lecithin)은 지방과 인이 결합된 복합지질로, 유화력이 강하다.

27

패리노그래프에 관한 설명 중 틀린 것은?

① 밀가루 흡수율 측정
② 믹싱 시간 측정
③ **전분의 점도 측정**
④ 믹싱 내구성 측정

전분의 점도는 아밀로그래프로 측정한다.

28

소독력이 강한 양이온 계면활성제로서 종업원의 손을 소독할 때나 용기 및 기구의 소독제로 알맞은 것은?

① 석탄산
② 과산화수소
③ **역성비누**
④ 크레졸

역성비누는 대표적인 양이온 계면활성제로, 강한 소독력과 살균력을 가지고 있어 손이나 용기 및 기구 등의 소독제로 사용된다.

29

다음 중 3절 5회 밀어 편 퍼프 페이스트리의 결의 수는 대략 얼마인가?

① 81겹
② 15겹
③ 27겹
④ **243겹**

퍼프 페이스트리의 3절 5회 밀어 편 결의 수는 $3^5 = 243$겹이다.

30

유화제를 사용하는 목적이 아닌 것은?

① 빵이나 케이크를 부드럽게 한다.
② 빵이나 케이크가 노화되는 것을 지연시킬 수 있다.
③ 물과 기름이 잘 혼합되게 한다.
④ **달콤한 맛이 나게 하는 데 사용한다.**

유화제는 무색, 무취이며 물과 기름이 잘 혼합되도록 도와준다. 또한 빵이나 케이크를 부드럽게 하고 노화를 지연시키는 역할을 한다.

31 ⭐

포장된 제과 제품의 품질 변화 현상이 아닌 것은?

① 수분의 이동
② 향의 변화
③ 촉감의 변화
④ **전분의 호화**

> 전분의 호화는 굽기 공정에서 일어나는 화학반응으로, 포장된 제품에서는 발생하지 않는다.

32

밀 제분 공정 중 정선기에 온 밀가루를 다시 마쇄하여 작은 입자로 만드는 공정은?

① 조쇄공정(break roll)
② **분쇄공정(reduct roll)**
③ 정선공정(milling separator)
④ 조질공정(tempering)

> 분쇄공정(reduct roll)은 이미 도정된(정선된) 밀가루를 반복적으로 마쇄하여 더 작은 입자의 밀가루로 만드는 단계이다.

33

식중독의 원인 세균은 대체로 중온균이다. 다음 중 중온균의 발육온도는?

① 10~20℃
② **25~37℃**
③ 50~60℃
④ 15~25℃

> 식중독을 일으키는 대부분의 원인균은 중온균으로, 25~37℃에서 왕성하게 발육한다.

34 ⭐

식중독 발생 시 의사는 환자의 식중독이 확인되는 대로 가장 먼저 누구에게 보고해야 하는가?

① 국립보건원장
② 식품의약품안전처장
③ **특별자치시장·시장·군수·구청장**
④ 시·도보건연구소장

> 의사는 환자의 식중독이 확인되는 대로 특별자치시장·시장·군수·구청장에게 보고해야 한다.

35

연수의 광물질 함량 범위는?

① 181ppm 이상
② **0~60ppm**
③ 61~120ppm
④ 121~170ppm

> - 연수(부드러운 물) : 0~60ppm
> - 아연수(연수에 가까운 물) : 61~120ppm
> - 아경수(경수에 가까운 물) : 121~180ppm
> - 경수(단단한 물) : 181ppm 이상

36

글루텐의 구성 물질 중 반죽을 질기고 탄력성 있게 하는 물질은?

① 글리아딘
② **글루테닌**
③ 메소닌
④ 알부민

> 글루텐의 구성 물질 중 글루테닌은 탄력성과 강도를 부여하여 반죽을 질기고 탄력 있게 하고, 글리아딘은 신장성과 점성을 부여하여 반죽이 잘 늘어나게 한다.

37

다음 중 캐러멜화가 가장 높은 온도에서 일어나는 당은?

① 포도당
② 벌꿀
③ **설탕**
④ 전화당

> 설탕은 이당류로서 고분자 화합물이므로 캐러멜화가 가장 높은 온도에서 일어난다.

38

식품취급에서 교차오염을 예방하기 위한 행위 중 옳지 않은 것은?

① 칼, 도마를 식품별로 구분하여 사용한다.
② **고무장갑을 일관성 있게 하루에 하나씩 사용한다.**
③ 조리 전의 육류와 채소류는 접촉되지 않도록 구분한다.
④ 위생복을 식품용과 청소용으로 구분하여 사용한다.

> 고무장갑을 하루에 하나씩만 사용한다고 해서 교차오염이 예방되는 것은 아니다. 장갑은 용도나 식품 종류가 바뀔 때마다 교체하거나 세척해야 한다.

39

감염병 및 질병 발생의 3대 요소가 아닌 것은?

① 병인(병원체)
② **항생제**
③ 환경
④ 숙주(인간)

> 감염병 및 질병 발생의 3대 요소에는 병인(병원체), 환경, 숙주(인간)가 있다.

40

탄수화물은 체내에서 주로 어떤 작용을 하는가?

① 혈액을 구성한다.
② 골격을 형성한다.
③ 체작용을 조절한다.
④ **열량을 공급한다.**

> 탄수화물은 3대 열량 영양소 중 하나로, 체내에서 에너지원으로 사용되며 열량을 공급한다.

41

다음 중 독소형 세균성 식중독의 원인균은?

① **황색 포도상구균**
② 살모넬라균
③ 장염 비브리오균
④ 병원성 대장균

> 세균성 식중독
> • 독소형 : 황색 포도상구균, 보툴리누스균 등
> • 감염형 : 살모넬라균, 장염 비브리오균, 병원성 대장균 등

42

다음의 케이크 반죽 중 일반적으로 pH가 가장 낮은 것은?

① 스펀지 케이크
② **엔젤 푸드 케이크**
③ 데블스 푸드 케이크
④ 파운드 케이크

> 엔젤 푸드 케이크, 과일 케이크 등은 산도가 높은 제품으로, pH가 낮다.

43

정제가 불충분한 기름 중에 남아 식중독을 일으키는 고시폴(Gossypol)은 어느 기름에서 유래하는가?

① **면실유**
② 콩기름
③ 미강유
④ 피마자유

> 고시폴(Gossypol)은 면실유(목화씨를 압착하여 얻는 기름)에서 발견되는 독성 물질로, 면실유의 정제가 불충분할 경우 식중독을 일으킬 수 있다.

44

아밀로그래프(Amylograph)에서 50℃에서의 점도(minimum viscosity)와 최종점도(final viscosity)의 차이를 표시하는 것으로 노화도를 나타내는 것은?

① 브레이크 다운(break down)
② **세트 백(Setback)**
③ 최소 점도(minimum viscosity)
④ 최대 점도(maximum viscosity)

> 아밀로그래프에서 50℃의 점도(최소점도)와 최종점도의 차이는 전분의 노화(재결정화) 정도를 나타내며, 이를 '세트 백(Setback)'이라고 한다.

45

다음 중 제품의 가치에 속하지 않는 것은?

① **재고가치**
② 귀중가치
③ 교환가치
④ 사용가치

> 제품의 재고량과 재고기간은 제품의 가치를 떨어뜨리는 요인이 된다.

46

다음 중 저온 장시간 살균법으로 가장 일반적인 조건은?

① 71.7℃, 15초간 가열
② 130~150℃, 1~3초간 가열
③ 95~120℃, 30~60분간 가열
④ **60~65℃, 30분간 가열**

> 가열 살균법
> • 저온 장시간 살균법 : 60~65℃, 30분간 가열
> • 고온 단시간 살균법 : 70~75℃, 15초간 가열
> • 초고온 순간 살균법 : 130~140℃, 2초간 가열

47

안정제를 사용하는 목적으로 적합하지 않은 것은?

① 아이싱의 끈적거림 방지
② **머랭의 수분 배출 촉진**
③ 포장성 개선
④ 크림 토핑의 거품 안정

> 머랭에 안정제를 사용하면 수분 보유력이 증진된다.

48

아미노산과 아미노산 간의 결합은?

① **펩타이드 결합**
② 글리코사이드 결합
③ α-1,4 결합
④ 에스테르 결합

> 아미노산은 단백질을 구성하는 기본 단위로, 아미노산과 아미노산 간의 결합을 펩타이드 결합이라고 한다.

49

다음 중 파이 롤러를 사용하지 않는 제품은?

① 쇼트 브레드 쿠키
② 케이크 도넛
③ 퍼프 페이스트리
④ 롤 케이크

파이 롤러는 반죽을 자동으로 밀어 펴는 기계로, 말기를 해야 하는 롤 케이크에는 적합하지 않다.

50

퍼프 페이스트리 제조 시 팽창이 부족하여 부피가 빈약해지는 결점의 원인에 해당하지 않는 것은?

① 밀어 펴기가 부적절하였다.
② 부적합한 유지를 사용하였다.
③ 오븐의 온도가 너무 높았다.
④ 반죽의 휴지가 길었다.

반죽의 휴지가 길면 글루텐이 부드러워지고, 유지에서 만들어지는 수증기압에 의해 좀 더 팽창한다.

51

일반적으로 신선한 우유의 pH는?

① pH 4.0 ~ 4.5
② pH 3.0 ~ 4.0
③ pH 5.5 ~ 6.0
④ pH 6.5 ~ 6.7

신선한 우유는 약한 산성을 띠며, 일반적으로 pH는 6.5 ~ 6.7로 나타난다. 이는 정상적인 신선 우유에서 보편적으로 측정되는 수치이다.

52

초콜릿의 보관온도 및 습도로 가장 알맞은 것은?

① 온도 36℃, 습도 45%
② 온도 30℃, 습도 70%
③ 온도 24℃, 습도 60%
④ 온도 18℃, 습도 45%

초콜릿의 보관온도 및 습도는 초콜릿의 숙성을 고려하여 설정한다. 포장한 초콜릿을 온도 18℃, 상대습도 50% 이하의 저장실에서 7 ~ 10일간 숙성(보관)시키면 초콜릿 속의 카카오버터 조직이 더욱 안정된다.

53

스펀지 케이크에서 달걀 사용량을 감소시킬 때의 조치 사항으로 잘못된 것은?

① 양질의 유화제를 병용한다.
② 물 사용량을 추가한다.
③ 쇼트닝을 첨가한다.
④ 베이킹파우더를 사용한다.

- 스펀지 케이크 제조 시 달걀의 주요 기능
  - 팽창작용   - 수분 공급
  - 구조 형성   - 유화작용
- 달걀의 구조 형성 기능은 단백질이 많은 밀가루로 대체할 수 있다.

54

다음 중 비타민 K와 관계가 있는 것은?

① 혈액 응고
② 근육 긴장
③ 노화 방지
④ 자극 전달

비타민 K는 칼슘(Ca)과 함께 혈액 응고를 촉진하는 데 필수적인 요소이다.

55

찜을 이용한 제품에 사용되는 팽창제의 특성은?

① 지속성
② **속효성**
③ 지효성
④ 이중팽창

> 찜을 이용한 제과 제품은 단시간 내에 반죽이 익으므로, 신속하게 가스를 발생시키는 속효성 팽창제를 사용해야 한다.

56

순수한 지방 20g이 내는 열량은?

① 370kcal
② 420kcal
③ **180kcal**
④ 90kcal

> 지방의 열량 = 지방의 중량(g) × 9kcal
> = 20g × 9kcal = 180kcal

57

주로 단백질 식품이 혐기성균의 작용에 의해 본래의 성질을 잃고 악취를 내거나 유해 물질을 생성하여 먹을 수 없게 되는 현상은?

① 발효 ② **부패**
③ 갈변 ④ 산패

> - 발효나 부패는 미생물의 작용이면서 인간에게 유익한 경우와 유해한 경우를 나타낼 뿐이고 이 2가지 경우를 화학적이나 미생물학적으로 구분하기는 매우 어렵다. 문제에서 유해 물질을 생성하여 먹을 수 없게 되는 현상을 묻고 있으므로 부패에 대한 내용이다. 발효된 식품은 먹을 수 있다.
> - 갈변은 당의 열반응으로 일어난다.
> - 산패는 지방의 산화 등에 의해 악취나 변색이 일어나는 현상을 말한다.

58 ★빈출

엔젤 푸드 케이크 제조 시 팬에 사용하는 이형제로 가장 적합한 것은?

① 라드 ② **물**
③ 밀가루 ④ 쇼트닝

> - 이형제란 반죽을 구울 때 달라붙지 않게 하고, 모양을 그대로 유지하기 위하여 사용하는 재료를 말한다.
> - 엔젤 푸드 케이크는 달걀 흰자의 거품의 기포가 주요 팽창 원리이므로, 팬에 기름이나 쇼트닝 대신 물을 얇게 발라 껍질이 너무 두껍게 형성되는 것을 방지한다.

59

다음 중 곰팡이독과 관계가 없는 것은?

① **고시폴(Gossypol)**
② 파툴린(Patulin)
③ 아플라톡신(Aflatoxin)
④ 시트리닌(Citrinin)

> 고시폴은 목화씨에서 짠 기름(면실유)이 불충분하게 정제된 경우 남아 있는 식물성 자연독이다.

60 ★빈출

다음 중 고온에서 빨리 구워야 하는 제품은?

① 파운드 케이크
② **저율배합 제품**
③ 고율배합 제품
④ 패닝량이 많은 제품

> - 저율배합 반죽, 소량 반죽일수록 높은 온도에서 짧게 구워야 한다.
> - 고율배합 반죽, 다량 반죽일수록 낮은 온도에서 오래 구워야 한다.
> - 파운드 케이크는 고율배합 반죽이다.

2025년 CBT 기출복원문제

01 ★빈출
파이의 일반적인 결점 중 바닥 크러스트가 축축한 원인이 아닌 것은?

① 파이 바닥 반죽이 고율배합
② 오븐 온도가 높음
③ 충전물 온도가 높음
④ 불충분한 바닥열

> 오븐 온도가 낮으면 파이의 바닥 크러스트가 충분히 구워지지 않아 축축한 원인이 된다.

02 ★빈출
반죽형 반죽 중에서 수분이 가장 많은 쿠키는?

① 쇼트 브레드 쿠키
② 스냅 쿠키
③ 드롭 쿠키
④ 스펀지 쿠키

> 스펀지 쿠키는 거품형 반죽이며, 드롭 쿠키는 반죽형 반죽으로 달걀 사용량이 많아 짤주머니에 모양깍지를 끼우고 짜서 만드는 쿠키이다.

03 ★빈출
제품의 외부평가 항목이 아닌 것은?

① 기공
② 껍질 색
③ 부피
④ 대칭성

> 기공은 내부평가 항목이다.

04 ★빈출
과자의 반죽 방법 중 시폰형 반죽이란?

① 달걀과 설탕을 중탕하여 믹싱한다.
② 화학팽창제를 사용한다.
③ 유지와 설탕을 믹싱한다.
④ 모든 재료를 한꺼번에 넣고 믹싱한다.

> 시폰형 반죽은 별립법처럼 달걀을 흰자와 노른자로 분리하지만, 노른자는 거품을 내지 않고 흰자를 거품내 머랭을 만들고 화학팽창제(베이킹파우더)를 넣어 팽창시킨다.

05 ★빈출
파운드 케이크의 배합률 중 밀가루 : 설탕 : 달걀 : 버터의 비율이 올바르게 설명된 것은?

① 1 : 1 : 1 : 1
② 1 : 2 : 1 : 2
③ 2 : 1 : 2 : 1
④ 1 : 2 : 1 : 1

> 파운드 케이크는 밀가루, 설탕, 달걀, 버터의 비율을 각각 1파운드(453g)씩 사용했다고 해서 만들어진 이름이다. 즉 밀가루, 설탕, 달걀, 버터의 비율이 각각 1 : 1 : 1 : 1로 사용된다.

06

HACCP 적용 7원칙 중 위해요소 관리가 허용범위 이내로 충분히 이루어지고 있는지 여부를 판단할 수 있는 원칙은?

① 모니터링
② 한계기준
③ 중요관리점
④ 위해요소 분석

> 한계기준은 모든 위해요소의 관리가 기준치 설정대로 충분히 이루어지고 있는지 여부를 판단할 수 있는 관리 한계를 설정한다.

07

파운드 케이크 제조 시 윗면이 터지는 경우가 아닌 것은?

① 팬에 넣은 반죽을 장시간 방치할 때
② 설탕 입자가 남아 있을 때
③ 굽기 중 껍질이 천천히 형성될 때
④ 반죽 내의 수분이 충분하지 않을 때

> 파운드 케이크 제조 시 높은 온도에서 구우면 껍질이 빨리 형성되어 윗면이 터질 수 있다. 굽기 중 껍질 형성이 느리면 반죽 온도가 낮다는 것으로, 이는 껍질이 천천히 형성되면서 수분이 많이 손실되어 터지지 않는 원인이 된다.

08

도넛 글레이즈 온도로 적당한 것은?

① 45 ~ 50℃
② 25 ~ 45℃
③ 25 ~ 30℃
④ 30 ~ 40℃

> 도넛 글레이즈 온도는 49℃ 정도가 적당하다.

09

젤리 롤 케이크 반죽 굽기에 대한 설명으로 틀린 것은?

① 두껍게 편 반죽은 낮은 온도에서 굽는다.
② 구운 후 철판에서 꺼내지 않고 냉각시킨다.
③ 양이 적은 반죽은 높은 온도에서 굽는다.
④ 열이 식으면 압력을 가해 수평을 맞춘다.

> 젤리 롤 케이크는 구운 후 반드시 철판에서 꺼내 식혀야 한다. 철판에 계속 두면 수분이 날아가 케이크가 마르고 굳어 롤링이 어렵기 때문이다.

10

재고회전율에 대한 설명으로 틀린 것은?

① 월초 재고량과 월말 재고량의 평균치이다.
② 총매출액을 재고액으로 나눈 것이다.
③ 재고량과는 반비례한다.
④ 수요량과는 정비례한다.

> • 재고회전율은 재고가 연간 몇 번 회전하는지(재고의 회전속도)를 나타내며, [연간 입고량 ÷ 월간 재고량]으로 산정한다.
> • 회전율이 높을수록 재고가 빨리 소진됨을 의미한다.

11

머랭 중 설탕이 적은 것은?

① 온제 머랭
② 스위스 머랭
③ 이탈리안 머랭
④ 프렌치 머랭

머랭의 종류와 설탕 비율	
프렌치 머랭	흰자 : 설탕 = 1 : 1
온제 머랭	흰자 : 설탕 = 1 : 2
스위스 머랭	흰자 : 설탕 = 1 : 1.8
이탈리안 머랭	흰자 : 설탕 = 1 : 2

12

다음 지단백질(lipoprotein) 중 중성지질의 양이 가장 많은 것은?

① 초저밀도 지단백질(VLDL)
② 고밀도 지단백질(HDL)
③ 저밀도 지단백질(LDL)
④ 카일로마이크론(chylomicron)

> 카일로마이크론은 모든 지단백질 중에서 중성지질, 특히 트리글리세라이드(triglyceride)의 함량이 가장 많다.

13 ⭐빈출

구매관리 기법이 아닌 것은?

① ABC 분석법
② 시장조사법
③ 가치분석법
④ 표준화 및 다양화법

> 구매관리의 과학화, 근대화의 일환으로 구매시장조사, 가치분석, 표준화, 단순화, ABC 분석, 경제적 주문량 결정법 등의 기법이 개발, 도입되고 있다.

14

퐁당 크림을 부드럽게 하고 수분 보유력을 높이기 위해 일반적으로 첨가하는 것은?

① 젤리, 한천
② 소금, 크림
③ 물, 레몬
④ 물엿, 전화당 시럽

> 퐁당 크림을 부드럽게 하고 수분 보유력을 높이기 위해서는 물엿, 전화당과 같은 시럽 형태의 당을 첨가한다.

15 ⭐빈출

동물성 식중독 중 모시조개, 바지락에 함유된 독성물질은?

① 시큐톡신
② 베네루핀
③ 삭시톡신
④ 테트로도톡신

> • 베네루핀 : 모시조개, 바지락, 굴의 독성물질
> • 시큐톡신 : 독미나리의 독성물질
> • 삭시톡신 : 섭조개의 독성물질
> • 테트로도톡신 : 복어의 독

16 ⭐빈출

아이싱에 많이 쓰이는 퐁당(fondant)을 만들 때 끓이는 온도로 가장 적당한 것은?

① 106~110℃
② 114~118℃
③ 120~124℃
④ 130~134℃

> 퐁당(fondant)은 슈거 아이싱, 케이크 장식 등에 사용되는 설탕시럽으로, 설탕시럽은 114~118℃에서 끓여야 부드럽고 고운 식감을 얻을 수 있다. 이 온도보다 낮으면 결정이 불안정해 질감이 거칠어지고, 높으면 과결정화되어 단단해진다.

17

혈당의 저하와 가장 관계가 깊은 것은?

① 인슐린
② 리파아제
③ 프로테아제
④ 펩신

> 인슐린은 혈당(혈액 내 포도당) 수치를 낮추는 호르몬으로, 혈액 속 포도당이 세포에 흡수되도록 하여 혈당을 낮춘다.

18

식품에 식염을 첨가함으로써 미생물 증식을 억제하는 효과로 옳지 않은 것은?

① 탈수 작용에 의한 식품 내 수분 감소
② 삼투압 증가
③ 산소의 용해도 감소
④ 품질 유지 및 향상

> 품질 유지 및 향상은 식품첨가물의 역할이다.

19 ⭐빈출

박력분에 대한 설명으로 옳지 않은 것은?

① 글루텐의 질은 매우 부드럽다.
② 밀가루의 입도는 분상질이다.
③ 연질소맥으로 단백질 함량은 7~9%이다.
④ 주로 케이크에 사용하며 회분 함량은 0.4~0.5%이다.

> 제과용 박력분의 회분 함량은 0.4% 이하이다.

20

스펀지 케이크에서 달걀과 설탕을 어떤 비율로 혼합 반죽할 때 가장 좋은 결과를 얻을 수 있는가? (단, 밀가루는 100%임)

① 달걀 100%, 설탕 50%
② 달걀 100%, 설탕 75%
③ 달걀 166%, 설탕 166%
④ 달걀 100%, 설탕 125%

> 스펀지 케이크의 대표적 배합비는 밀가루를 100%로 할 때 달걀과 설탕이 각각 160~170% 수준으로, 이 비율에서 충분한 기포 형성과 구조 유지가 가능하다. 따라서 달걀 166%, 설탕 166%가 적절하다.

21

제과점에서 고객 응대 시 일반적인 인사법으로 적당한 것은?

① 보통례
② 목례
③ 입례
④ 정중례

> 보통례는 허리를 30도 정도 굽히고, 어른이나 상사, 내방객을 맞이할 때 하는 인사이다.

22 ⭐빈출

커스터드 크림의 주요 재료에 속하지 않는 것은?

① 달걀
② 버터
③ 설탕
④ 전분

> 커스터드 크림은 우유, 설탕, 달걀을 혼합하고 안정제로 전분이나 박력분을 사용하여 끓인 크림을 말한다. 버터는 풍미 개선용으로 넣기도 하지만 필수 재료는 아니다.

23

다음 중 사용 금지된 유해 감미료는?

① 사카린나트륨
② 아스파탐
③ 둘신
④ 스테비오시드

> 둘신과 사이클라메이트는 사용이 금지된 유해 감미료이다.

24

아이싱의 끈적거림 방지 방법으로 잘못된 것은?

① 액체를 최소량으로 사용한다.
② 40℃ 정도로 가온한 아이싱 크림을 사용한다.
③ 안정제를 사용한다.
④ **케이크 제품이 냉각되기 전에 아이싱한다.**

> 케이크가 냉각되기 전에 아이싱을 하면 아이싱의 끈적거림이 오히려 심해진다. 아이싱은 완전히 식은 케이크 제품에 해야 표면이 매끄럽고 끈적이지 않는다.

25 ⭐빈출

젤리 롤 케이크 반죽을 만들어 팬닝하는 방법으로 틀린 것은?

① 평평하게 팬닝하기 위해 고무주걱 등으로 윗부분을 마무리한다.
② 철판에 팬닝하고 볼에 남은 반죽으로 무늬반죽을 만든다.
③ 기포가 꺼지므로 팬닝은 가능한 한 빨리한다.
④ **넘치는 것을 방지하기 위하여 팬 종이는 팬 높이보다 2cm 정도 높게 한다.**

> 팬 종이가 너무 높으면 그림자 지는 부위만 색이 덜 나올 수 있으므로, 팬 종이는 팬 높이에 맞춰 재단한다.

26 ⭐빈출

다음 쿠키 중에서 상대적으로 수분이 적어서 밀어 펴는 형태로 만드는 제품은?

① 머랭 쿠키
② **스냅 쿠키**
③ 스펀지 쿠키
④ 드롭 쿠키

> - 스냅 쿠키는 수분이 적은 편이어서 밀어 펴는 형태로 성형할 수 있다.
> - 머랭 쿠키와 스펀지 쿠키는 거품형 쿠키로 달걀 사용량이 많아 수분이 많다.
> - 드롭 쿠키는 반죽형 쿠키 중 수분이 가장 많은 쿠키이다(짜는 쿠키).

27

파운드 케이크를 구운 직후 달걀 노른자에 설탕을 넣고 칠할 때 설탕의 역할이 아닌 것은?

① 맛의 개선
② 보존기간 개선
③ 광택제 효과
④ **탈색 효과**

> 파운드 케이크를 구운 직후 달걀 노른자에 설탕을 넣고 칠하면 설탕이 광택을 내고 터진 부분의 수분 증발을 막아줌으로써 보존기간을 개선하며 촉촉함을 유지하여 맛의 변화를 막을 수 있다.

28

같은 조건의 반죽에 설탕, 포도당, 과당을 같은 농도로 첨가했다고 가정할 때 마이야르 반응속도를 촉진시키는 순서대로 나열된 것은?

① 설탕 - 포도당 - 과당
② 과당 - 설탕 - 포도당
③ **과당 - 포도당 - 설탕**
④ 포도당 - 과당 - 설탕

> 마이야르 반응은 당류 중에서도 환원당이 있을 때 가장 잘 일어나며, 환원성이 강한 당일수록 반응을 더 촉진한다. 따라서 '과당(환원력 가장 강함) - 포도당 - 설탕(비환원당)'의 순서가 옳다.

29 ⭐빈출

생리 기능의 조절 작용을 하는 영양소는?

① 탄수화물, 단백질
② 지방질, 단백질
③ **무기질, 비타민**
④ 탄수화물, 지방

> 무기질, 비타민은 조절 영양소이다.

30

다음 중 젤리화의 요소가 아닌 것은?

① 유기산류
② 염류
③ 당분류
④ 펙틴류

젤리화(젤리 생성)에 필수적 요소는 유기산류, 당분류, 펙틴류이며, 염류는 직접적인 젤리화 요소가 아니다.

31

보툴리누스 식중독에서 나타날 수 있는 주요 증상 및 증후가 아닌 것은?

① 구토 및 설사
② 호흡곤란
③ 출혈
④ 사망

보툴리누스 식중독은 신경 마비성 증상이 특징으로, 주로 구토 및 설사, 호흡곤란을 유발하며, 심할 경우 사망까지 일으킬 수 있다. 그러나 출혈 증상은 나타나지 않는다.

32 빈출

언더 베이킹에 대한 설명으로 틀린 것은?

① 중앙 부분이 익지 않는 경우가 많다.
② 높은 온도에서 짧은 시간 굽는 것이다.
③ 제품이 건조되어 바삭바삭하다.
④ 수분이 빠지지 않아 껍질이 쭈글쭈글하다.

언더 베이킹은 높은 온도에서 짧은 시간 굽는 것으로, 중앙 부분이 익지 않는 경우가 많고 수분이 빠지지 않아 껍질이 쭈글쭈글하다. 또한 조직이 거칠어 설익거나 주저앉기 쉽다.

33 빈출

다음 중 가장 고온에서 굽는 제품은?

① 퍼프 페이스트리
② 시폰 케이크
③ 과일 케이크
④ 파운드 케이크

퍼프 페이스트리는 설탕이 들어가지 않은 반죽이기 때문에 일반적인 제과 제품보다 고온에서 구워 색을 낸다. 낮은 온도에서 구우면 표면이 마르고 글루텐의 신장성이 떨어져 증기 발생이 원활하지 않아 부피가 작아진다.

34 빈출

발효에 직접적으로 영향을 주는 요소와 가장 거리가 먼 것은?

① 반죽 온도
② 달걀의 신선도
③ 이스트의 양
④ 반죽의 pH

발효는 주로 이스트의 활성에 영향을 주는 요소(온도, 이스트 양, pH 등)가 직접적인 영향을 미치며, 달걀의 신선도는 발효와 직접적인 관계가 없다.

35 빈출

설탕공예용 당액 제조 시 고농도화된 당의 결정을 막아주는 재료는?

① 베이킹파우더
② 중조
③ 주석산
④ 포도당

설탕의 재결정화를 방지할 목적으로 주석산을 사용하는 경우
• 이탈리안 머랭 제조를 위한 시럽을 만들 때
• 버터크림 제조를 위한 시럽을 만들 때
• 설탕공예용 당액(시럽)을 만들 때

36 ⭐

스펀지 재료에 들어가지 않는 재료는?

① 이스트 푸드
② **소금**
③ 밀가루
④ 이스트

> 스펀지법(중종법)에서 스펀지에 들어가는 재료는 밀가루, 이스트, 물, 이스트 푸드이다.

37

여름철(실온 30℃)에 사과파이 껍질을 제조할 때 적당한 물의 온도는?

① 35℃
② 19℃
③ 28℃
④ **4℃**

> 파이는 반죽 후 냉장 휴지를 시키는 제품이므로, 반죽 온도를 18℃ 정도로 맞춘다. 마찰열이나 실내 온도, 다른 재료의 온도도 반죽 온도를 높이는 요인이 되므로 이를 조절하기 위해 찬물(4℃)을 사용한다.

38 ⭐

다음 중 필수지방산을 가장 많이 함유하고 있는 식품은?

① **식물성 유지**
② 버터
③ 달걀
④ 고급지방산

> 필수지방산인 리놀레산, 리놀렌산, 아라키돈산은 불포화지방산으로 주로 식물성 유지에 많이 함유되어 있다.

39

감자 같은 탄수화물이 많이 함유된 식품을 튀길 때 생성되는 독소물질은?

① 다이옥신
② 트리메틸아민
③ 니트로사민
④ **아크릴아마이드**

> - 감자에 들어 있는 아스파라긴과 포도당이 120℃ 이상의 고온에서 반응하면 독소물질인 아크릴아마이드가 생성된다.
> - 요리과정 중 삶거나 175℃ 이하에서 튀기거나 구우면 아크릴아마이드의 발생을 줄일 수 있다.

40 ⭐

반죽의 온도가 정상보다 높을 때 예상되는 결과는?

① **노화가 촉진된다.**
② 부피가 작다.
③ 기공이 밀착된다.
④ 표면이 터진다.

> 반죽의 온도가 정상보다 높으면 기공이 열리고 큰 공기 구멍이 생겨 조직이 거칠고 노화가 촉진되며, 부피가 커진다.

41 ⭐

반죽형 쿠키의 굽기 과정에서 퍼짐성이 나쁠 때 퍼짐성을 좋게 하기 위해 사용할 수 있는 방법은?

① 반죽을 오래 한다.
② 오븐의 온도를 높인다.
③ 설탕의 양을 줄인다.
④ **입자가 굵은 설탕을 많이 사용한다.**

> 쿠키의 퍼짐성을 좋게 하기 위한 방법에는 굵은 입자의 설탕 사용, 팽창제 사용, 알칼리성 재료 사용, 오븐 온도 낮추기 등이 있다.

42

HACCP 선행요건이 아닌 것은?

① 공정 흐름도 현장 확인
② 검사 관리
③ 영업장 관리
④ 냉장·냉동시설·설비 관리

> HACCP 선행요건 8가지
> • 영업장 관리
> • 위생 관리
> • 제조·가공시설·설비 관리
> • 냉장·냉동시설·설비 관리
> • 용수 관리
> • 보관·운송 관리
> • 검사 관리
> • 회수 프로그램 관리

43

다음 중 거품형 쿠키는?

① 쇼트 브레드 쿠키
② 버터 쿠키
③ 핑거 쿠키
④ 초코 킵펠 쿠키

> • 핑거 쿠키는 거품형 쿠키로 공립법으로 제조하며, 5cm 정도로 짜서 굽는다.
> • 쇼트 브레드 쿠키, 버터 쿠키(드롭 쿠키), 초코 킵펠 쿠키(큐벨 쿠키)는 반죽형 쿠키에 해당한다.

44

설탕에 대한 설명으로 잘못된 것은?

① 설탕은 130℃에서 캐러멜라이징이 시작된다.
② 글루텐의 연화작용과 윤활작용을 한다.
③ 설탕의 분해효소인 인버타아제에 의해 포도당과 과당으로 분해된다.
④ 수분 보유력이 있어 노화가 지연된다.

> 설탕의 캐러멜화 온도는 160℃ 이상이다.

45

커스터드 크림 파이와 전분 크림 파이의 가장 큰 차이점은?

① 농후화제
② 굽는 온도
③ 굽는 방법
④ 껍질의 성질

> 커스터드 크림의 농후화제는 달걀이고, 전분 크림의 농후화제는 전분이다.

46

작업실 조도로 옳은 것은?

① 100 ~ 200Lux
② 150 ~ 300Lux
③ 200 ~ 500Lux
④ 300 ~ 600Lux

> 제과제빵 공정상의 조도 기준
> • 발효 과정 : 50Lux
> • 계량, 반죽, 조리, 성형 과정 : 200Lux
> • 굽기 과정 : 100Lux
> • 포장, 장식, 마무리 작업 : 500Lux

47

다크 초콜릿의 템퍼링 과정이 잘못된 것은?

① 식히는 온도는 27℃ 정도이다.
② 최종 온도는 30 ~ 31℃이다.
③ 화이트 초콜릿의 최종 온도는 다크 초콜릿보다 낮다.
④ 1차 용해 온도는 35 ~ 40℃이다.

> 다크 초콜릿의 1차 용해 온도는 45 ~ 50℃이다.

48

도넛 튀김기에 붓는 기름의 평균 깊이로 가장 적당한 것은?

① 5 ~ 8cm
② 9 ~ 12cm
③ 12 ~ 15cm
④ 16 ~ 19cm

> 도넛을 고르게 익히고, 기름에 충분히 잠기도록 하며, 튀김 과정에서 기름 온도의 급격한 변화를 방지하기 위해 도넛 튀김기의 기름 깊이는 약 12 ~ 15cm를 유지하는 것이 적당하다.

49

손익계산서에 대한 설명으로 옳지 않은 것은?

① 손익계산이란 특정 기간 동안 기업의 경영성과를 평가하여 사업의 손익을 계산하여 확정하는 것을 말한다.
② 매출 총이익 = 매출액 − 매출 원가
③ 순이익 = 매출액 − (판매비 + 일반관리비 + 세금)
④ 손익계산서의 기본요소는 수익, 비용, 순수익이다.

> 순이익 = 매출 총이익 − (판매비 + 일반관리비 + 세금)

50

파이 반죽을 냉장고에 넣어 휴지시키는 이유가 아닌 것은?

① 유지를 적당하게 굳힘
② 밀가루의 수분을 흡수함
③ 끈적거림을 방지함
④ 퍼짐을 좋게 함

> 파이 반죽을 냉장고에 넣어 휴지시키는 목적은 퍼짐을 좋게 하기 위함이 아니라, 오히려 퍼짐을 방지하기 위함이다.

51

과자류 제품 포장재의 기능이 아닌 것은?

① 제품을 차별화하여 판매의 촉진 효과
② 제품의 가치 증대를 위한 고급 포장재 사용
③ 생산, 저장, 운반 등 단계별 취급의 편의
④ 물리적, 화학적, 생물학적 내용물 보호

> 포장재는 제품의 가치를 유지해야 하며, 품질이 좋고 경제적인 포장재를 사용하는 것이 바람직하다.

52

패리노그래프에 관한 설명 중 옳지 않은 것은?

① 밀가루의 흡수율 측정
② 믹싱 시간 측정
③ 믹싱 내구성 측정
④ 전분의 점도 측정

> • 패리노그래프는 밀가루 반죽의 흡수율, 믹싱 시간, 믹싱 내구성 등 반죽의 특성을 측정하는 장비이다.
> • 전분의 점도는 아밀로그래프로 측정한다.

53

다음 중 인수공통감염병이 아닌 것은?

① 세균성 이질
② 탄저병
③ 브루셀라증
④ 페스트

> 인수공통감염병이란 사람과 동물 사이에서 상호 전파되는 병원체에 의한 감염성 질병으로, 특히 동물에서 사람으로 전파되는 감염병을 지칭한다. 종류에는 탄저병, 브루셀라증, 페스트, 광견병, 결핵, 야토병, 돈단독, Q열 등이 있다.

54

식중독 예방원칙 중 안전한 온도에서의 식품 보관에 대한 설명으로 옳지 않은 것은?

① 조리된 식품 및 부패하기 쉬운 모든 음식은 즉시 냉장보관
② 조리된 음식은 실온에서 2시간 이상 방치 금지
③ 조리된 식품은 40℃ 이상 온도 유지
④ 상온에서 냉동식품 해동 금지

> • 조리된 식품을 보관할 때에는 따뜻하게 먹을 음식은 60℃ 이상, 차갑게 먹을 음식은 빠르게 식혀 5℃ 이하에서 보관한다.
> • 육류 등은 중심온도 75℃에서 1분 이상 완전히 조리하며, 조리된 음식은 가능한 한 2시간 이내에 섭취한다.

55 ⭐빈출

흰자로 거품형의 머랭을 만들고 노른자는 반죽형으로 만들어 두 가지 반죽을 혼합한 믹싱법은?

① **시폰법**
② 공립법
③ 별립법
④ 단단계법

> 시폰형 반죽은 달걀 흰자로 머랭을 만들어 거품형의 반죽을 만들고, 노른자는 다른 재료와 섞어서 반죽형 반죽을 만든 후, 두 가지를 혼합하여 만든다.

56 ⭐빈출

다음 중 냉과 제품은 어느 것인가?

① 스콘
② 애클레어
③ 마카롱
④ **바바루아**

> 냉과는 제품을 굽거나 튀기거나 찌지 않고, 냉장고에 넣어 차게 굳혀 마무리하는 디저트를 말한다. 종류로는 무스, 블랑망제, 바바루아, 젤리, 푸딩 등이 있다.

57 ⭐빈출

튀김기름의 조건으로 틀린 것은?

① 산가가 낮아야 한다.
② **여름철에 융점이 낮은 기름을 사용해야 한다.**
③ 산패에 대한 안정성이 있어야 한다.
④ 발연점이 높아야 한다.

> 튀김기름이 갖추어야 할 조건
> - 발연점이 높을 것
> - 거품이나 점도 형성에 대한 저항성이 좋을 것
> - 산가가 낮을 것
> - 산패에 대한 안정성과 저장성이 좋을 것
> - 여름에는 높은 융점, 겨울에는 낮은 융점의 기름을 사용할 것

58

젤리 롤을 마는 작업 시 겉면이 터질 때 해야 할 조치 중 잘못된 것은?

① **유지 사용량을 늘린다.**
② 설탕 일부를 물엿으로 대치한다.
③ 팽창 요인을 줄인다.
④ 덱스트린을 사용하면 점착성이 증가한다.

> 젤리 롤의 겉면이 터지는 문제를 해결할 때 유지(기름) 사용량을 늘리면, 오히려 기포 형성이 방해되고 조직이 무거워져 겉면이 더 쉽게 터질 수 있다.

59 ⭐빈출

비중이 높은 제품의 특징이 아닌 것은?

① 제품이 단단하다.
② **껍질 색이 진하다.**
③ 기공이 조밀하다.
④ 부피가 작다.

> 비중은 껍질 색과는 관계가 없다.

60

산화제를 사용하면 두 개의 −SH기가 S−S결합으로 바뀌게 된다. 이와 같은 반응은 무엇에 의한 것인가?

① **밀가루의 단백질**
② 밀가루의 전분
③ 고구마 전분
④ 감자 전분

> 산화제를 사용하면 밀가루 단백질의 −SH(황화수소기) 두 개가 S−S결합(이황화 결합)으로 연결되어 반죽 구조를 단단하게 만든다.

PART 03

최빈출 실전 60제

최빈출 실전 60제

빈출 01　　　　　　　#카카오버터 #안정적 결정구조

카카오버터는 초콜릿에 포함된 지방으로, 온도 변화에 민감하여 결정화 상태가 쉽게 바뀌고 이로 인해 블룸 현상이 발생하기도 한다. 이 현상을 방지하기 위해 가장 중요한 제조 공정은?

① 가공
② 템퍼링
③ 혼합
④ 발효

템퍼링(Tempering)은 초콜릿 속 지방 결정, 특히 카카오버터를 안정된 형태로 만들어주는 과정을 말한다. 이 과정을 생략하면 표면에 얼룩이 생기거나 식감이 저하되므로 초콜릿을 매끈하게 굳히려면 꼭 필요한 과정이다.

빈출 02　　　　　　　　　　　　#둥글리기

둥글리기의 목적이 아닌 것은?

① 수분 흡수력 증가
② 반죽 표면에 얇은 막 형성
③ 반죽의 기공을 고르게 유지
④ 글루텐의 구조와 방향 정돈

둥글리기의 목적은 반죽 표면을 매끄럽게 하고, 기포를 고르게 분포시키는 것이며, 수분 흡수력을 증가시키는 과정은 아니다.

빈출 03　　　　　　#믹싱 단계 #탄력성과 신장성 상실

반죽의 믹싱 단계 중 탄력성과 신장성이 상실되고 반죽에 생기가 없어지면서 글루텐 조직이 풀어지는 것은?

① 렛 다운 단계
② 브레이크 다운 단계
③ 픽업 단계
④ 클린업 단계

믹싱이 과도하게 진행되면 글루텐이 약해지고 반죽이 힘을 잃는 브레이크 다운 단계가 된다.

빈출 04　　　　　　#스펀지법 #스펀지 반죽 재료

스펀지법에서 스펀지에 사용하는 일반적인 재료가 아닌 것은?

① 밀가루
② 소금
③ 이스트
④ 이스트 푸드

- 스펀지법에서 1차 반죽(스펀지)에는 보통 밀가루, 이스트, 이스트 푸드, 물을 사용한다.
- 소금은 글루텐 형성을 억제하므로 2차 반죽 단계에서 첨가한다.

빈출 05 #관능적 평가 #외부적 속성

빵의 관능적 평가에서 외부적 속성을 평가하는 항목으로 틀린 것은?

① 크러스트 색상
② 맛
③ 결 형성
④ 경질성

외부적 속성은 색상, 형태, 경질성 등 시각·촉각으로 평가하며, 맛은 내부적 속성이다.

빈출 06 #오븐 #소규모 제과점

소규모 제과점에서 가장 많이 사용되며 반죽을 넣는 입구와 제품을 꺼내는 출구가 같은 오븐은?

① 데크 오븐
② 회전식 오븐
③ 연속식 오븐
④ 터널 오븐

데크 오븐은 구조가 단순하고 소규모 제과·제빵에 적합하며, 반죽을 넣는 입구와 제품을 꺼내는 출구가 동일하다.

빈출 07 #지방 분해효소 #지방산과 글리세린

이스트에 함유되어 있는 효소 중에서 지방을 지방산과 글리세린으로 분해하는 효소는?

① 인버타아제(invertase)
② 리파아제(lipase)
③ 말타아제(maltase)
④ 프로테아제(protease)

리파아제(lipase)는 지방을 지방산과 글리세린으로 가수분해하는 효소이다.

빈출 08 #수중유적형 식품

수중유적형(O/W) 식품이 아닌 것은?

① 아이스크림
② 마가린
③ 마요네즈
④ 우유

수중유적형(O/W)과 유중수적형(W/O)

수중유적형 (O/W)	물속에 기름이 입자 모양으로 분산 예 마요네즈, 우유, 아이스크림
유중수적형 (W/O)	기름 속에 물이 입자 모양으로 분산 예 버터, 마가린

빈출 09 #병원체 #바이러스

다음 중 병원체가 바이러스인 질병은?

① 결핵
② 디프테리아
③ 성홍열
④ **폴리오**

- 폴리오는 소아마비를 일으키는 바이러스 질환이다.
- 결핵, 디프테리아, 성홍열은 병원체가 세균인 질환이다.

빈출 10 #당류 #이당류

다음 당류 중에서 이당류(Disaccharides)에 속하는 것은?

① 포도당(glucose)
② 과당(fructose)
③ 갈락토오스(galactose)
④ **설탕(sucrose)**

설탕은 포도당과 과당이 결합된 이당류이며, 포도당·과당·갈락토오스는 모두 단당류이다.

빈출 11 #높은 단백가

단백가가 가장 높은 식품은?

① **달걀**
② 찹쌀
③ 소고기
④ 우유

달걀은 필수아미노산 조성이 뛰어나 단백질 질을 평가하는 표준 식품으로 사용된다.

빈출 12 #천연 유화제 #노화 지연

달걀에 들어 있는 성분 중 빵의 노화를 지연시키는 천연 유화제는?

① 타이민
② 알부민
③ 글리아딘
④ **레시틴**

레시틴은 난황에 함유된 천연 유화제로, 빵의 노화를 지연시키고 부드러운 조직을 만든다.

빈출 13　　　　　　　　　　#우유 #마이야르 반응

우유에서 제품의 껍질색을 진하게 하는 물질은?

① 무기질
② 유당
③ 카페인
④ 점사

유당은 가열 시 마이야르 반응에 의해 색을 진하게 만든다.

빈출 14　　　　　　　　　　#필수아미노산

다음 중 필수아미노산이 아닌 것은?

① 트레오닌
② 글루타민
③ 메티오닌
④ 트립토판

- 글루타민은 조건부 필수아미노산으로, 정상적인 상태에서는 체내에서 합성 가능하다.
- 필수 아미노산 : 라이신, 트립토판, 류신, 이소류신, 페닐알라닌, 트레오닌, 메티오닌, 발린

빈출 15　　　　　　　　　　#식중독 #장염 비브리오균

장염 비브리오균에 의한 식중독이 가장 쉽게 발생하는 식품은?

① 우유제품
② 어패류
③ 야채류
④ 식육류

장염 비브리오균은 해수에 서식하며, 어패류 섭취를 통해 식중독을 일으키기 쉽다.

빈출 16　　　　　　　　　　#2차 발효실 #습도

제빵에서 2차 발효실의 습도가 너무 높을 때 발생할 수 있는 결점은?

① 오븐 팽창이 적어진다.
② 겉껍질이 불균일해진다.
③ 겉껍질 형성이 빠르다.
④ 수포 생성, 질긴 껍질이 되기 쉽다.

습도가 과도하면 반죽 표면에 수포가 형성되고, 껍질이 질겨진다.

빈출 17 #이스트 효소 #포도당 분해

이스트에 존재하는 효소로 포도당을 분해하여 알코올과 이산화탄소를 만드는 것은?

① 인버타아제(invertase)
② 리파아제(lipase)
③ **치마아제(zymase)**
④ 말타아제(maltase)

치마아제(zymase)는 발효의 핵심 효소 복합체로, 당을 분해하여 알코올 발효를 일으킨다.

빈출 19 #식중독 #설치류·곤충류

쥐나 곤충류에 의해 발생될 수 있는 식중독은?

① **살모넬라 식중독**
② 장염비브리오 식중독
③ 포도상구균 식중독
④ 클로스트리디움 보툴리눔 식중독

살모넬라균은 쥐, 파리, 바퀴벌레 등 설치류나 곤충류를 통해서도 전파될 수 있다.

빈출 18 #반죽 온도 조절

배합을 할 때 반죽의 온도 조절에 가장 큰 영향을 미치는 원료는?

① 밀가루
② 설탕
③ **물**
④ 이스트

물은 투입량과 온도 조절이 쉽고, 반죽 전체 온도에 직접적인 영향을 준다.

빈출 20 #최종 발효 #글루텐 회복

성형과정을 거치는 동안에 반죽이 거친 취급을 받아 상처받은 상태이므로 이를 회복시키기 위해 글루텐 성질과 팽창을 도모하는 과정은?

① 중간 발효
② **2차 발효**
③ 1차 발효
④ 휴지

성형 후 2차 발효(최종 발효)로 글루텐 회복과 기포 형성을 돕는다.

빈출 21 #노화 속도

다음 중 제품 특성상 일반적으로 노화가 가장 빠른 제품은?

① 도넛
② 단과자빵
③ 식빵
④ 카스텔라

식빵은 전분 함량과 수분 함량이 많고 표면적이 넓어 노화 속도가 빠르게 진행된다.

빈출 22 #포장 온도

굽기 후 빵을 썰어 포장하기에 가장 좋은 온도는?

① 47℃
② 37℃
③ 27℃
④ 17℃

포장 온도는 35~40℃, 수분 함량은 38%가 적합하다. 높은 온도에서 포장하면 형태가 변하고, 곰팡이가 발생하며 썰기가 어려운 반면, 낮은 온도에서 포장하면 껍질이 건조하여 단단해지고, 노화가 빠르게 된다.

빈출 23 #반죽 강화 재료

다음 중 반죽을 강하게 하는 재료는?

① 소금, 산화제, 탈지분유
② 설탕, 유지, 달걀
③ 설탕, 유지, 산화제
④ 설탕, 소금, 유지

소금과 산화제는 글루텐 강화에, 탈지분유는 단백질 보강에 도움을 준다.

빈출 24 #경구 감염병 #세균

세균에 의한 경구 감염병은?

① 유행성 간염
② 진균독증
③ 콜레라
④ 폴리오

콜레라는 세균 감염에 의한 대표적인 경구 감염병으로, 오염된 물이나 음식 섭취로 감염된다.

빈출 25   #튀김기름 #산패

튀김기름이 산패를 일으키는 주요 원인 중 거리가 먼 것은?

① 산소
② 열
③ **수소**
④ 금속

산패는 주로 산소, 금속, 열 등에 의해 촉진된다.

빈출 26   #믹싱 완료 단계 #프랑스빵

다음 중 반죽이 매끈해지고 글루텐이 가장 많이 형성되어 탄력성이 강한 것이 특징이며, 프랑스빵 반죽의 믹싱 완료 시기인 단계는?

① 클린업 단계
② **발전 단계**
③ 렛 다운 단계
④ 최종 단계

발전 단계에서는 글루텐 형성이 최대로 이루어져 탄력성이 강해지고 반죽 표면이 매끈하다.

빈출 27   #팬기름 #이형유

팬에 바르는 기름은 다음 중 무엇이 높은 것을 선택해야 하는가?

① **발연점**
② 가소성
③ 산가
④ 크림성

발연점이 높은 기름은 고온에서도 안정적으로 사용 가능하다.

빈출 28   #지방 분해효소

지방 분해효소와 관계없는 것은?

① 포스포리파아제
② **말타아제**
③ 스테압신
④ 리파아제

말타아제는 탄수화물(맥아당)을 분해하는 효소로, 지방 분해와는 관련이 없다.

빈출 29 #이스트 푸드 #물 조절제

이스트 푸드 성분 중 물 조절제로 사용되는 것은?

① 이스트
② 전분
③ **칼슘염**
④ 황산암모늄

이스트의 성분 중 칼슘염은 반죽의 수분 결합력을 높여 물 조절제로 작용하며, 글루텐 구조를 강화해 발효 안정성과 제품 품질을 향상시킨다.

빈출 30 #품질 균일 #미리 혼합

제과제빵용 건조 재료와 팽창제, 유지 재료를 알맞은 배합으로 균일하게 혼합한 원료는?

① 팽창제
② 밀가루 개량제
③ 향신료
④ **프리믹스**

프리믹스는 밀가루에 팽창제, 유지, 설탕 등을 미리 혼합한 제품으로, 생산 공정을 단순화하고 품질을 균일하게 유지한다.

빈출 31 #빵의 갈변

빵을 구웠을 때 갈변이 되는 것은 어느 반응에 의해서인가?

① 효모에 의한 갈색(brown) 반응에 의하여
② **마이야르(maillard) 반응과 캐러멜화 반응이 동시에 일어나서**
③ 비타민 C의 산화에 의하여
④ 클로로필(chlorophyll) 반응에 의하여

빵의 갈변은 주로 아미노산과 환원당이 반응하는 마이야르 반응과 설탕이 열에 의해 분해되는 캐러멜화 반응이 동시에 진행되며 나타난다. 이 반응들은 색뿐만 아니라 향미 형성에도 기여한다.

빈출 32 #커스터드 크림 #재료

커스터드 크림의 재료에 속하지 않는 것은?

① 달걀
② **생크림**
③ 우유
④ 설탕

커스터드 크림은 기본적으로 우유, 설탕, 달걀 노른자로 만들며, 농도를 위해 전분을 첨가하기도 한다. 생크림은 커스터드가 아닌 휘핑크림이나 무스류에서 주로 사용된다.

빈출 33 #합성 팽창제 #베이킹파우더

빵이나 카스텔라 등을 부풀게 하기 위해 첨가하는 합성 팽창제(baking powder)의 주성분은?

① 탄산나트륨
② 탄산수소나트륨
③ 탄산칼슘
④ 염화나트륨

탄산수소나트륨(중조, 베이킹소다)은 열과 산에 의해 이산화탄소를 발생시켜 반죽을 부풀게 하는 역할을 한다.

빈출 34 #경구 감염병 #세균성 식중독

세균성 식중독과 비교하여 경구 감염병의 특성이 아닌 것은?

① 미량의 균으로도 감염된다.
② 음용수로 인해 감염된다.
③ 2차 감염이 빈번하다.
④ 비교적 잠복기가 짧다.

경구 감염병은 세균성 식중독보다 잠복기가 긴 경우가 많으며, 잠복기가 짧다는 특성은 식중독에 해당한다.

빈출 35 #인수공통감염병 #유산 #파상열

동물에게 유산을 일으키며 사람에게는 열병을 나타내는 인수공통감염병은?

① 리스테리아증
② 브루셀라증
③ 돈단독
④ 탄저병

브루셀라증은 가축에게 유산을 유발하며, 사람에게는 파상열(undulant fever) 형태의 발열을 일으키는 대표적인 인수공통감염병이다.

빈출 36 #발한 현상 방지법

도넛의 발한 현상을 방지하는 방법으로 틀린 것은?

① 튀김 시간을 늘린다.
② 도넛 위에 뿌리는 설탕 사용량을 늘린다.
③ 점착력이 낮은 기름을 사용한다.
④ 충분히 식히고 나서 설탕을 묻힌다.

발한 현상을 줄이려면 점착력이 강한 기름을 사용하여 설탕이 표면에 잘 붙도록 해야 한다.

빈출 37 #베이커스 퍼센트

베이커스 퍼센트(Baker's percent)에서 기준이 되는 재료는?

① 달걀
② 물
③ **밀가루**
④ 이스트

베이커스 퍼센트는 밀가루의 중량을 100%로 기준으로 하여 다른 모든 재료의 중량 비율을 계산하는 제빵 표준 방식이다.

빈출 38 #설탕의 과소 사용

제빵 시 정량보다 설탕을 적게 사용하였을 때의 결과 중 잘못된 것은?

① 속결이 거칠다.
② 부피가 적다.
③ **색상이 검다.**
④ 모서리가 둥글다.

설탕을 적게 사용하면 단맛이 감소하고 보습력이 낮아져 빵의 부피가 줄고 속결이 거칠어지며, 색상은 오히려 연해진다. 색상이 검게 변하는 것은 설탕이 많아 마이야르 반응이 강하게 일어날 때 나타나는 현상이다.

빈출 39 #반죽형 반죽 #수분

반죽형 반죽 중에서 수분이 가장 많은 쿠키는?

① 쇼트 브레드 쿠키
② 스냅 쿠키
③ **드롭 쿠키**
④ 스펀지 쿠키

스펀지 쿠키는 거품형 반죽이며, 드롭 쿠키는 반죽형 반죽으로 달걀 사용량이 많아 짤주머니에 모양깍지를 끼우고 짜는 쿠키이다.

빈출 40 #단백질 분해효소

단백질을 분해하는 효소는?

① 아밀라아제(amylase)
② **프로테아제(protease)**
③ 치마아제(zymase)
④ 리파아제(lipase)

- 단백질 분해효소는 프로테아제(protease)로, 펩타이드 결합을 절단하여 아미노산 또는 작은 펩타이드로 분해한다.
- 아밀라아제는 탄수화물, 리파아제는 지방, 치마아제는 당 발효에 관여한다.

빈출 41 #달걀 구성

달걀에 대한 설명 중 옳은 것은?

① 흰자는 대부분이 물이고 그 다음 많은 성분은 지방질이다.
② 껍질은 대부분 탄산칼슘으로 이루어져 있다.
③ 노른자에 가장 많은 것은 단백질이다.
④ 흰자보다 노른자 중량이 더 크다.

- 달걀 흰자는 약 88%가 수분으로 구성되어 있으며, 다음으로 많은 성분은 단백질이다.
- 노른자는 단백질보다 지방 함량이 더 많다.
- 전체 달걀 중 흰자는 약 60%, 노른자는 약 30%를 차지한다.

빈출 42 #달걀 가식부분

껍질을 포함한 무게가 60g인 달걀 1개의 가식부분은 몇 g 정도인가?

① 36g
② 43g
③ 48g
④ 54g

달걀은 껍질 10%, 흰자 60%, 노른자 30%로 구성되어 있다. 따라서 60g 달걀에서 껍질 10%를 제외하면 가식부분은 60g × 0.9 = 54g이다.

빈출 43 #튀김용 기름 #과산화물가

튀김용 기름의 조건으로 알맞지 않은 것은?

① 도넛에 기름기가 적게 남는 것이 유리하다.
② 발연점이 높은 기름이 유리하다.
③ 장시간 튀김에 유리지방산 생성이 적고 산패가 되지 않아야 한다.
④ 과산화물가가 높을수록 기름의 흡유율이 적어 담백한 맛이 나고 건강에 도움이 된다.

과산화물가는 유지의 자동산화 정도를 나타내는 지표이다. 과산화물가가 높으면 유지가 산패된 상태를 의미하므로 튀김용 기름으로 적합하지 않다.

빈출 44 #시폰법 #반죽형과 거품형 혼합

반죽형 반죽법과 거품형 반죽법을 혼합하여 제조한 제품은?

① 파운드 케이크
② 과일 케이크
③ 시폰 케이크
④ 스펀지 케이크

시폰 케이크는 달걀 흰자로 머랭을 만들어 거품형 반죽을 만들고, 노른자는 다른 재료와 섞어서 반죽형 반죽을 만든 뒤, 두 가지를 혼합하여 만드는 제품이다.

빈출 45 #반죽의 비중

반죽의 비중과 관련이 없는 것은?

① 기공의 크기
② 완제품의 조직
③ 완제품의 부피
④ **팬 용적**

반죽의 비중은 기공의 크기, 제품의 부피 및 조직에 결정적인 영향을 미치며, 팬 용적과는 직접적인 관련이 없다.

빈출 47 #글루텐 형성 단백질

다음 중 글루텐을 형성하는 단백질이 아닌 것은?

① 글리아딘(Gliadin)
② **미오신(Myosin)**
③ 메소닌(Mesonin)
④ 글루테닌(Glutenin)

글루텐을 형성하는 단백질에는 글리아딘과 글루테닌, 메소닌, 알부민, 글로불린이 있으나, 일반적으로는 글루테닌과 글리아딘을 글루텐 형성 단백질로 본다.

빈출 46 #설탕시럽 #주석산

설탕시럽 제조 시 주석산 크림을 사용하는 가장 주된 이유는?

① 시럽을 빨리 끓이기 위함이다.
② 시럽을 하얗게 만들기 위함이다.
③ 설탕을 빨리 용해시키기 위함이다.
④ **냉각 시 설탕의 재결정을 막기 위함이다.**

설탕시럽의 냉각 시 설탕의 재결정을 막기 위해 주석산 크림을 사용한다.

빈출 48 #고온·단시간 굽기 #언더 베이킹

다음 중 고온에서 빨리 구워야 하는 제품은?

① 파운드 케이크
② **저율배합 제품**
③ 고율배합 제품
④ 패닝량이 많은 제품

- 저율배합 반죽, 소량 반죽일수록 높은 온도에서 짧게 구워야 한다.
- 고율배합 반죽, 다량 반죽일수록 낮은 온도에서 오래 구워야 한다.
- 파운드 케이크는 고율배합 반죽이다.

빈출 49 #제과용 밀가루

비스킷 제조에 가장 부적당한 밀가루는?

① **강력분**
② 중력분
③ 박력분
④ 박력분 + 중력분

강력분은 탄력성, 점성, 수분 흡착력이 강해 제빵용 밀가루로 적합하다.

빈출 50 #건포도의 전처리

과일 파운드 케이크에서 건포도의 전처리 목적이 아닌 것은?

① **반죽의 색깔을 개선한다.**
② 반죽과 건포도 사이의 수분 이동을 방지한다.
③ 씹는 조직감을 개선한다.
④ 과일 원래의 풍미를 되살아나게 도와준다.

반죽의 색깔 개선은 건포도 전처리의 목적이 아니다.

빈출 51 #파리 매개 질병

파리가 전파하는 질병이 아닌 것은?

① 발진티푸스
② 파라티푸스
③ **회충**
④ 결핵

- 파리는 장티푸스, 파라티푸스, 이질, 콜레라, 결핵 등을 전파하는 매개체이다.
- 회충은 주로 인간이나 동물의 장에서 기생하는 기생충으로 파리와는 관계가 없다.

빈출 52 #설탕의 기능

설탕의 주요 기능으로 가장 적절한 것은?

① 색을 선명하게 만든다.
② 발효를 촉진한다.
③ 물의 흡수를 방해한다.
④ **질감을 부드럽게 한다.**

설탕은 반죽의 수분을 조절하여 촉촉하고 부드러운 식감을 제공하며, 구울 때 캐러멜화 작용으로 색과 풍미를 더해준다.

빈출 53　　　#제과용 밀가루 #주요 성분

제과에서 사용하는 밀가루의 주요 성분은?

① 단백질
② 비타민
③ 탄수화물
④ 미네랄

밀가루의 주성분은 단백질로, 글루텐을 형성하여 반죽에 탄력성을 제공한다.

빈출 54　　　#소금의 역할

소금의 주요 역할은 무엇인가?

① 반죽의 수분을 흡수한다.
② 발효를 촉진한다.
③ 단백질 응고를 도와준다.
④ 반죽을 유연하게 한다.

소금은 단백질 응고를 도와 반죽의 구조를 강화하는 역할을 한다.

빈출 55　　　#1차 발효실 #습도

일반적인 1차 발효실의 가장 이상적인 습도는?

① 45 ~ 50%
② 55 ~ 60%
③ 65 ~ 70%
④ 75 ~ 80%

1차 발효실에서는 효모의 발효를 촉진하고 반죽 표면의 건조를 방지하기 위해 높은 습도가 필요하므로 75 ~ 80%가 적정하다.

빈출 56　　　#유지 산패도 측정법

유지 산패도를 측정하는 방법이 아닌 것은?

① 과산화물가(peroxide value, POV)
② 휘발성 염기질소(volatile basic nitrogen value, VBN)
③ 카르보닐가(carbonyl value, CV)
④ 관능검사

휘발성 염기질소(volatile basic nitrogen value, VBN)는 유지 산패도가 아니라 주로 단백질 분해 정도, 즉 식품의 부패도를 측정하는 지표이다.

빈출 57 #파운드 케이크 #윗면 터짐

파운드 케이크 제조 시 윗면이 터지는 경우가 아닌 것은?

① 팬에 넣은 반죽을 장시간 방치할 때
② 설탕 입자가 남아 있을 때
③ **굽기 중 껍질이 천천히 형성될 때**
④ 반죽 내의 수분이 충분하지 않을 때

파운드 케이크 제조 시 높은 온도에서 구우면 껍질이 빨리 형성되어 윗면이 터질 수 있다. 굽기 중 껍질 형성이 느리면 반죽 온도가 낮다는 것으로, 이는 껍질이 천천히 형성되면서 수분이 많이 손실되어 터지지 않는 원인이 된다.

빈출 59 #아이싱 #끈적거림 방지법

아이싱의 끈적거림 방지 방법으로 잘못된 것은?

① 액체를 최소량으로 사용한다.
② 40℃ 정도로 가온한 아이싱 크림을 사용한다.
③ 안정제를 사용한다.
④ **케이크 제품이 냉각되기 전에 아이싱한다.**

케이크가 냉각되기 전에 아이싱을 하면 아이싱의 끈적거림이 오히려 심해진다. 따라서 아이싱은 케이크가 충분히 식은 후 해야 표면이 매끄럽고 끈적이지 않는다.

빈출 58 #이당류 #정장작용

유용한 장내 세균의 발육을 왕성하게 하여 장에 좋은 영향을 미치는 이당류는?

① 설탕(sucrose)
② **유당(lactose)**
③ 맥아당(maltose)
④ 포도당(glucose)

유당(lactose)은 유산균 등 유익한 장내 세균의 발육을 촉진하여 장 건강에 긍정적인 영향을 주는 대표적인 이당류이다.

빈출 60 #전분의 호화

전분의 호화 현상에 대한 설명으로 틀린 것은?

① 알칼리성일 때 호화가 촉진된다.
② **수분이 적을수록 호화가 촉진된다.**
③ 전분의 종류에 따라 호화 특성이 달라진다.
④ 전분 현탁액에 적당량의 수산화나트륨(NaOH)을 가하면 가열하지 않아도 호화될 수 있다.

전분은 수분이 많을수록 호화가 촉진되며, 수분이 부족하면 전분 입자가 충분히 팽윤되지 않아 호화가 억제된다.

MEMO

박문각 자격증 시리즈
제과제빵기능사 필기
8개년 기출문제집 + 무료특강

초판인쇄	2026. 1. 15	저자와의
초판발행	2026. 1. 20	협의 하에 인지 생략

공 저 자	하혜란, 안지현, 안이준
발 행 인	박용
출판총괄	김현실
개발책임	이성준
편집개발	김태희, 이보혜
마 케 팅	김치환, 최지희
일러스트	㈜ 유미지

발 행 처	㈜ 박문각출판
출판등록	등록번호 제2019-000137호
주 소	06654 서울시 서초구 효령로 283 서경B/D 4층
전 화	(02) 6466-7202
팩 스	(02) 584-2927
홈페이지	www.pmgbooks.co.kr

ISBN	979-11-7519-173-0
정가	15,000원

이 책의 무단 전재 또는 복제 행위는 저작권법 제 136조에 의거, 5년 이하의 징역 또는 5,000만원 이하의 벌금에 처하거나 이를 병과할 수 있습니다.